グローバリゼーションがわかる

池尾愛子 [著]

創 成 社

序

　本書のテーマはもちろん，「グローバリゼーション」である。キーワードは，貿易，特許（パテント）制度，技術進歩，国際機関（多国間機関），途上国の経済成長で，注目する技術はコンピュータ，インターネットに関連するものである。そして歴史を描くときに注目したのは，経済学者の天野為之（1861-1938）である。

　1990年代，「コンピュータやインターネットは経済学をどう変えるか」を経済学史家の一部が考え始めた。私の場合，その疑問は「コンピュータやインターネットは社会科学の授業をどう変えるか」を実践しながら考えることにつながった。「近代経済学史」，「日本経済思想史」の授業を専任として担当したことがあり，その延長上で「現代社会科学論」と東アジア関連の授業を組み立ててきた。

　コンピュータとインターネットに関する技術には独特の歴史がある。技術進歩一般の源としては，19世紀に始まる国際的な特許制度が見逃せない。天野は開国後，「貿易が世界を変え，発明が物質的進歩をもたらす」と主張し，その先も変化が起こり続けることを予言した。彼は工業所有権を保護するパリ条約（1883年）を実質的に支持する議論を展開していた。日本は1899年にパリ条約に加盟し，このパリ条約は世界貿易機関（WTO）憲章の「付属書-C」に含まれる。

　本書の詳細な参考文献については，巻末にある筆者の研究書や論文をご覧いただきたい。特に関連する共同研究・執筆プロジェクトが3つある。第1は，A.W. Coats の *The Post-1945 International-*

ization of Economics（Duke University Press，1996年）で，国際通貨基金（IMF），世界銀行，欧州連合（EU）の役割も注目された。第2は，Marcel Boumans, Ariane Dupont-Kieffer, Duo Qin の *Histories on Econometrics*（Duke University Press，2011年）で，コンピュータの性能とデータベースの質の向上も視野に入り，1980年代の初頭と末で計量経済学の応用研究に大きな変化があったことを確認した。第3は，大田一広，安藤金男，有泉哲，井上泰夫の諸氏と共に執筆した『経済学の世界へ』（有斐閣，1998年）である。

　2000年以降，筆者は東アジアの状況を把握するため，日本国際フォーラム，グローバル・フォーラム，東アジア共同体評議会，日本国際問題研究所などのシンクタンクの活動に参加してきた。授業で扱った内容と e 論談に投稿した内容に重なりがあり，e 論談に投稿した内容が本書にも使われていることをお断りしておきたい。

　過去の研究助成費の成果も盛り込んだ。本書は特に2016年度早稲田大学特定課題研究助成費（課題番号2016−K）と，2012−2014年度科学研究費基盤研究（C）（課題番号24530408）の成果の一部である。

　本書が，グローバル化した世界で仕事をしたいと考える人の役に立つことを祈る次第である。

　2017年4月

　　　　　　　　　　　　　　　　　　　　　　　　　池尾愛子

目　次

序

第1章　グローバル化 —————————— 1

　　1．グローバル化を振り返る ………………………… 1
　　2．発明（技術と技術進歩）………………………… 4
　　3．発明と国際貿易 …………………………………… 9
　　4．国際機関の誕生 …………………………………… 11
　　5．国境を越えて活動するプレイヤー ………………… 13

第2章　ネットワーク社会 ————————— 16

　　1．ネットワーク社会 ………………………………… 16
　　2．インターネット連結性 …………………………… 23
　　3．インターネットの歴史 …………………………… 25
　　4．日本での業務用コンピュータ導入 ……………… 30

第3章　市場と政府 ————————————— 33

　　1．市場，情報，将来予想（期待，expectation）…… 33
　　2．資源配分（resource allocation）の調整 ………… 39
　　3．所得・資産の再分配（redistribution）と社会保障
　　　 ………………………………………………………… 42

4．景気循環の安定化 ……………………………………… 44
　　5．政府の失敗の顕在化 …………………………………… 46

第 4 章　西洋の歴史観 ——————————————— 49

　　1．貿易が作り変えたこの世界 …………………………… 49
　　2．第 1 章「市場の掟」……………………………………… 51
　　3．第 2 章「輸送技術の進歩」…………………………… 52
　　4．第 3 章「ドラッグ文化の経済学」…………………… 54
　　5．第 4 章「商品は世界を廻る」………………………… 55
　　6．第 6 章「市場はどのようにして創られたか」…… 57
　　7．第 7 章「世界貿易と工業化の歴史」………………… 58
　　8．大転換 …………………………………………………… 60

第 5 章　グローバル化への対応 ————————— 63

　　1．国際機関の誕生 ………………………………………… 63
　　2．国際連盟の設立と国際金融会議 …………………… 66
　　3．貿易戦争から再び世界戦争へ ……………………… 70
　　4．国際労働機関（ILO）………………………………… 73

第 6 章　国際連合（UN）————————————— 76

　　1．国際連合の目的と機構 ………………………………… 76
　　2．グローバル・コンパクト ……………………………… 81
　　3．国連と越境企業研究 …………………………………… 83
　　4．国際連合と日本 ………………………………………… 85

目　次── vii

第 7 章　国際通貨基金（IMF）──────── 88

1．国際通貨基金（IMF）誕生 ………………………… 88
2．戦後日本のポジション ……………………………… 91
3．グローバル・ネットワークの調整 ……………… 92
4．構造マクロ調整策 …………………………………… 94
5．グローバリゼーションをめぐる論争 …………… 95
6．IMF アジア太平洋地域事務所（OAP）………… 98

第 8 章　世界銀行と国連開発機関──────── 99

1．世界銀行グループ …………………………………… 99
2．世界銀行の歴史 ……………………………………… 100
3．国連開発計画（UNDP）…………………………… 102
4．国連貿易開発会議（UNCTAD）………………… 104

第 9 章　世界貿易機関（WTO）と関税及び貿易に関する一般協定（GATT）───── 107

1．貿易とルール ………………………………………… 107
2．世界大不況の反省から国際貿易推進へ ………… 109
3．政府調達の問題 ……………………………………… 111
4．世界貿易機関（WTO）概観 …………………… 113

第10章　経済協力開発機構（OECD）────── 116

1．経済協力開発機構（OECD）概要 ……………… 117
2．OECD の目的と特色 ……………………………… 118

3．OECD の組織と運営 ············· 119
　　4．租税回避対策 ············· 121
　　5．OECD 東京センター ············· 122
　　6．OECD の歴史 ············· 124
　　7．国際エネルギー機関 ············· 126

第11章　欧州連合（EU）————— 127

　　1．欧州連合（EU）の歴史 ············· 127
　　2．EU の機構 ············· 132
　　3．ユーロと経済通貨同盟 ············· 133
　　4．EU 域内の交流 ············· 133
　　5．EU 問題 ············· 135

第12章　エネルギー対策 ————— 137

　　1．エネルギーと技術 ············· 137
　　2．エネルギー事情の変化 ············· 143
　　3．最近の日本のエネルギー政策 ············· 146

第13章　地球環境問題 ————— 149

　　1．ローマクラブ・レポート『成長の限界』············· 149
　　2．気候変動に関する政府間パネル（IPCC）············· 152

目　次── ix

第14章　貿易摩擦と日本 ──────── 158

1．欧州共同体との貿易摩擦 ……………………… 158

2．アメリカとの貿易摩擦（半導体産業）………… 159

3．日本の対応 ……………………………………… 163

4．日本の規制改革 ………………………………… 166

第15章　アメリカと金融危機 ──────── 169

1．金融危機の顕在化 ……………………………… 169

2．サブプライム・ローンとオルト A・ローン …… 172

3．金融危機ドラマ ………………………………… 175

第16章　単一通貨の問題 ──────── 182

1．ユーロの略史 …………………………………… 182

2．ユーロ圏の貨幣政策 …………………………… 185

3．調整変数の不足 ………………………………… 188

4．ギリシャの財政危機 …………………………… 189

第17章　東南アジア諸国連合（ASEAN）──── 191

1．東南アジア諸国連合（ASEAN）概要 …………… 191

2．ASEAN 自由貿易地域（AFTA）………………… 195

3．ASEAN 共同体，ASEAN 経済共同体の発足 …… 196

4．対外関係 ………………………………………… 198

5．政策研究協力 …………………………………… 201

6．ASEAN と日本 ………………………………… 202

第18章　東アジアの国際フォーラム —————— 206

1．アジア太平洋経済協力（APEC） ……………… 206
2．国連アジア太平洋経済社会委員会（ESCAP）…… 209
3．アジアの開発銀行 …………………………… 209
4．日中韓三国協力事務局（TCS）……………… 211
5．重要な国際会議 ……………………………… 212

第19章　東アジアと国際金融史 —————— 215

1．1990年代東アジア—好況から危機へ ………… 215
2．1997年の東アジア通貨危機 ………………… 217
3．金融危機防止メカニズム …………………… 221
4．IMFからみた東アジア通貨危機 ……………… 223

第20章　自由貿易とルール —————— 226

1．貿易理論 ……………………………………… 226
2．対外経済戦略のツール ……………………… 233
3．自由貿易の世界を構築するツール …………… 234

省略表現一覧　239
索　　引　243

第1章
グローバル化

　皆さんは「国際化」や「グローバル化」という言葉を耳にする時，どのような現象であると感じるだろうか。可能ならば，現在思いをめぐらすことと，10年くらい前に思い描いていたことを比べてほしい。いずれにせよ，電子ネットワーク，インターネット，無線LANの利用，貿易による物品の移動，留学生や外国人観光客・ビジネスパーソンの増加，企業による海外直接投資（FDI），途上国の経済成長，ネット・バンキング（on-line banking）そしてそれらの組合せが「グローバル化」を加速させ，年々より身近な現象にしていることは確かであろう。「グローバル化」「グローバリゼーション」が語られるようになったのは1990年頃以降であり，1990年頃以降の変化とその原因を理解することが必要である。

1. グローバル化を振り返る

　1990年頃から，コンピュータとコンピュータをサーバ（高性能コンピュータ）経由でつなげるインターネットが普及してゆき，かつてないほどの勢いで情報通信革命が始まった。コンピュータの演算速度やソフトウェアが向上して，80年代に集中データ処理サーバを経由していたパソコン通信が，インターネットによる電子メールに取って代わられた。マークアップ・ランゲージが登場してウェブサイト（ホームページ）が構築され，情報発信やデータベース構築，情報共有が容易になった。金融取引もコンピュータ，ネットワーク

の技術を活用し，プログラムを向上させ取引頻度を高めてきた。

　1997年後半，東アジア諸国は通貨危機の「伝染」（contagion）を経験した。その前には「東アジアの奇跡」といわれるほどの経済成長を遂げ，東アジア域外の人々にグローバル化を印象づけていた。しかし，成長経済にはインフレや建設バブルが伴っていて，自国通貨の米ドルへの釘付け政策を続けられなくなり，同年7月から変動制に移行したり許容変動幅を拡大したりすると，東南アジア諸国の通貨が徐々に減価を始めたのであった。そして，海外投資家たちが投資資金を引き上げ始めたのである。金融取引や資金移動の速度・頻度も上がっていた。国際通貨基金（IMF）の介入により経済状態が悪化したことは否めないので，東南アジア諸国連合（ASEAN）＋3（日中韓）で金融危機対策が検討されて制度化されるに至った。

　国際機関がウェブサイト構築に力を入れるようになり，過去の決議を電子化して公開し，関係データや資料を共有し，批判に対する反論を掲載し，最新の活動ニュースを発信するようになって，その存在感が高まってきた。1993年に誕生した欧州連合（EU）も，ウェブサイトを構築して情報の発信と共有に努めている。共通通貨ユーロは1999年から現金以外での取引での利用が11ヶ国で始まり，2001年には紙幣と硬貨が導入され，12ヶ国でユーロが通貨として採用されるようになり，ユーロ採用国を増やしてきた。2017年には，欧州経済共同体（EEC）設立を目指したローマ条約（1957年）から数えて60周年を迎える。EUはグローバル化推進機関である。

　2007–09年には，アメリカのサブプライム・ローンとオルトA・ローン，ヨーロッパでの信用膨張が重なって，米大手投資銀行リーマン・ブラザーズが破綻すると，信用市場が一夜にして凍ったような状態になった。コンピュータとネットワークによって支えられた金融取引は複雑に入り組んでおり，1ヶ所で取引が滞ると次々に取引が止まっていったのである。その影響が実体経済にも及んで，世

界経済は景気大後退と呼ばれる事態に陥った。

2015年末，ASEAN 共同体が発足した。母体になるのは1967年設立の東南アジア諸国連合（ASEAN）である。1990年代に関税撤廃を目指して ASEAN 自由貿易地域（AFTA）が形成され始めると，ASEAN 拡大が進み，ASEAN 共同体は，ASEAN 政治・安全保障共同体（APSC），ASEAN 経済共同体（AEC），ASEAN 社会・文化共同体（ASCC）の３つからなる。英語を実質的公用語にしてきたが，2008年発効の ASEAN 憲章では英語を業務用語（working language）と位置付ける一方で，2015年末の ASCC 解説で加盟国の各言語も尊重することがうたわれた。

●日本の国際化

日本からみた「国際化」や「グローバル化」の進展を，貿易の進展や国際機関との関係を含めて，簡単に振り返ってみよう。

日本の場合，江戸時代，徳川幕府が200年以上にわたって鎖国政策（海禁と禁教）を実施していた事実はきわめて重い。近隣の中国と韓国（朝鮮半島）も原則として貿易禁止政策をとっていた。とはいえ，どんなルールにも例外がある。江戸幕府は直轄の長崎・出島でオランダと制限された貿易を行っていた。長崎防衛には佐賀藩と黒田藩が交代であたり，薩摩藩，隠岐藩，松前藩がそれぞれ琉球王国，韓国，北方と経済取引を行っていた。

先に域外から動かされたのは中国で，1840年からイギリスとアヘン戦争を戦い，1843年には二国間で南京条約が締結された。日本をみると，1853（嘉永６）年の米艦浦賀沖渡来後，翌年に日米和親条約を締結し，1858（安政３）年に幕府はアメリカ，オランダ，ロシア，イギリス，フランスの５ヶ国と修好通商条約を締結した。一方で，外国の公使や商人を限定された港湾都市に受け入れて開国過程が進展し，長崎以外でも対外貿易が正式に再開された。他方，日本

人も外海に船出して国際貿易に乗り出し，日本全体が大きな経済・社会の変化に巻き込まれていった。ただ当時の改訂された諸条約においても，日本が相手国の治外法権を認める，日本が関税自主権をもたない，という不平等条約になっていたので，それ以後，条約改正に大きな外交努力を傾注することになった。明治期の経済学者の天野為之や三菱の歴史研究によると，貿易関係者にとって不平等条約の余波がなくなるのは1911年である。

> 1868年　明治維新
> 1920年　第一次世界大戦（1914 – 19年）後のパリ講和会議
> 1929年〜　アメリカの株価暴落から世界恐慌・世界大不況へ
> 1945年　第二次世界大戦（1939 – 45年）の終結
> 1990年代　インターネットの登場　新たな情報通信革命の始まり
> 1997年　東アジア通貨危機
> 2007 – 09年　アメリカのサブプライム・ローン問題から金融危
> 　　　　　　機・景気大後退へ
> 2015年　ASEAN 共同体の設立

皆さんはこうした変化の節目について，どのくらい思い描くことができるだろうか。

2．発明（技術と技術進歩）

　技術や技術進歩はいつごろから意識されたのだろうか。

　日本で発明（技術や技術進歩）の重要性にいち早く着目したのは，福澤諭吉（1835 – 1901）や天野為之（1861 – 1938）であった。福澤は1866（慶応2）年に『西洋事情』初編を出した時から発明に注目し，1879（明治12）年出版の『民情一新』ではさらに，発明や近代的制度形成，応用につながる学問の重要性を強調した。同緒言を現

代語に近づけて引用しておこう。

> 1800年代に至って蒸気船，蒸気車，電信，郵便，印刷の発明工夫を以てこの交通の路に長足の進歩を遂げたるは，あたかも人間社会を転覆するの一挙動というべし。[『民情一新』] 本編は専らこの発明工夫によって民情に影響を及ぼしたる有様を論じ，蒸気船車，電信，郵便，印刷と四項に区別したけれども，その実は印刷も蒸気機関を用い，郵便を配達するも蒸気船車に附し，電信も蒸気によって実用を為すことなれば，単にこれを蒸気の一力に帰して，人間社会の運動力は蒸気にありというも可なり（『福澤諭吉著作集』第6巻，pp.4 - 5）。

19世紀の発明工夫は西洋の「人間社会を転覆する」ほどの影響力をもっており，それらの発明工夫が実用化されるにあたって「蒸気の力」が不可欠の役割を果たしていたと認識された。ジェームズ・ワットによる蒸気機関の発明，これを応用したジョージ・スチブンソンによる鉄道の発明は，福澤の『西洋事情』外編（1868，慶応4）で紹介されている。だからこそ，福澤は学問の応用あるいは応用できる学問の重要性も強調したのであった。これは先見の明のある人々の共通認識であり，後の歴史家たちも発明や技術進歩の威力を確認している。そして，福澤は実際，開国後の啓蒙活動や（高等）教育の向上における貢献をみると，余人をもって代え難い別格の存在であった。

　天野はといえば，福澤の著作をほとんど読んでいて，『商政標準』（冨山房，1886年：103-115）では，発明と特許について詳細な考察を展開した。天野は，公衆と一個人とで経済上の利害が異なるとき，一個人の利益を優先して公衆の利益を犠牲とする場合として，新発明をとりあげた。商業の自由と対立するものであるとしな

がらも，新発明の専売特許の必要性を訴えた。現代にも受け継がれている議論が含まれているので，現代語に近づけて要約しよう。

　一国の経済の進展のためには産業上の改良を図るべきである。一国の学者が化学・理学・工学等の実学の道理を実地に応用し道具・器械・その他物品に改良を加えて，まったく新規の物品を製造したり，製造方法を改良したりするとき，発明者には専売特許を与えるべきである。つまり，ある人が新たに有用な物品を作出あるいは新たな有益なる作出（生産）の方法を発明するとき，この発明者にその発明品の販売あるいはその発明方法の使用を専らにする（独占させる）ことがある。

　この新発明に関する専売特許制度に関して，イギリスでは「産業の自由」や「社会の幸福」を唱えて，反対する者による訴訟が起きている。アメリカでは制度の廃棄を主張する者もいる。確かに，専売特許の直接の効果は，社会の利益を犠牲にして少数の利益を進捗することである。天野は特許制度が人々の間に経済格差をもたらしうることに気づいていた。

　しかしながら，天野は次のように新発明に関する特別の専売特許を支持する。ある人が1つの新発明をなすために非常に刻苦勉強しなければならない。自由主義を施せば他の人々はすぐにこれを聞知し，発明品を模造し，発明法を利用する恐れがある。発明者はその苦心に報酬を見出すことができない。これは，1つに発明心を減殺する，2つに秘蔵心を増長するという，大弊害をきたす。第一の発明心の減殺とは，発明者に報酬なければ発明が減り，そのため産業上の改良を妨害することで，これは結局のところ公衆の大不利益になる。第二の秘蔵心とは，これを発明する人が他にはありそうになく相当の報酬もなさそうなとき，その製造方法を秘蔵することである。発明された製法が世間に知れ渡らなければ非常の高利を博するのである。新物品の発明の時も，発明人はその製造法を秘蔵する

ことになる。

　発明者の忍苦に報酬を与える方法について，2つを考案できる。第一は，発明者に手当あるいは金員（金一封）を与えて，その代わりにその発明を天下に公にし，自由製造を許す方法である。しかし，その価を定める標準を見出すことができない。というのも，社会に最も利益を与えるべき発明はその価を高くし，利益が少ない発明はその価も少なくすべきであるが，政府には，社会に利益の大きい発明か否かを初めから区別することは到底できない。

　第二は，専売特許の制度である。この制度下では，ある発明によって必ず報酬を受けられるとは限らない。公衆の需用がなければ報酬はない。それに対して大変有益であれば，大きな需用があり，したがって大きな専売の利益を受けることができる。実際の公益の多少に従って報酬が多少となる。さらに一定期限を設け，期限内は独占権を許可する一方で，発明を世間に表明するようにすれば，その期限内は利益を得られるので発明をする者は多く，専売特許を願い出る者も多いであろう。したがって，発明を世間に発表する者は多く，期限後は一般の人民が自由にこの発明品を製造しまたは発明の新法を使用できることにより，相互の競争によってその価が下落し，遂に一国の経済と必ずなり，そして初めて一国産業の発達を望むことができる。

　天野は，私利のために発明に挑む者をそうでない者に比較すれば，熱心勉強の差はほとんど天淵の違いがあると信じて疑わない。特許反対論者が社会に一時の不利益を見，発明者の一時の巨利に幻惑されてこの制度を非難するのは真正の経済を知らないからであるとする。新発明に関しては，自由の商業は不都合にして干渉の要する所以である。

　天野の『商政標準』（1886）はちょうど著作権や翻訳権に関する

ベルヌ条約が調印された年に出版された。翌1887年，同条約が発効する。新技術に対する特許は1883年のパリ条約ですでに承認され，日本は1899年に加盟する。両条約は改訂を重ね，現在では，その機能は国連傘下の専門機関である世界知的所有権機関（WIPO，1967年設立）に継承されている。

WIPO は，「人間精神の作品の利用と擁護を促進する」ことを目的とする国際機関である。その作品が知的財産であり，「諸国民の真の富」であると位置づけられている。もっとも，著作権は国ごとに異なる部分もあるので，注意が必要である。

知的財産権（知的所有権）は，①著作権，②産業財産権（工業所有権）——特許権，実用新案権，意匠権，商標権，③その他（半導体集積回路配置図に関する権利，種苗法，不正競争防止法など）に分類される（公益社団法人著作権情報センター）。著作権は，著作権法で保護される。著作権法の目的は，「著作物並びに実演，レコード，放送及び有線放送に関し著作者の権利及びこれに隣接する権利を定め，これらの文化的所産の公正な利用に留意しつつ，著作者等の権利の保護を図り，もつて文化の発展に寄与すること」である（第1条）。

ここで，著作物とは「思想又は感情を創作的に表現したものであつて，文芸，学術，美術又は音楽の範囲に属するもの」をいい，著作者とは「著作物を創作する者」をいう（第2条）。

著作権は，著作物を創作した時点で自動的に権利が発生（無方式主義）する，とみなそうというコンセンサスから出発する。そして以後，原則として著作者の死後50年まで保護される。それに対して，産業財産権（工業所有権）は，登録することによって権利が発生する。

3. 発明と国際貿易

　日本と近隣諸国では自由な貿易が極端に制限されていた。しかし，地球上の他の地域では，より自由な国際貿易が続いていて，いわゆる産業革命前から，技術革新が世界を変えつつあった。

　天野為之は，1880年代から1910年代までの世界経済の動向と問題をよく観察していた。

　天野は『実業新読本』（明治図書，1911年，訂正再版，冨山房，1913年）において，発明と貿易の重要性を強調した。それが簡潔に述べられている箇所を紹介しておこう。同第3巻第9課「運輸及び通信」で『国民読本』（1913）からの引用である。

　　運輸機関
　過去一百年間に於ける汽船，汽車，電信，電話の発明は，世界の大勢を一変せしめたり。今や電信は一日にして世界の状況を報じ，東西両半球の回遊も僅に一箇月を要するに過ぎず。かくして地球上の諸邦国は，航路，鉄道，電線によりて，縦横に連絡せらるゝに至れり。(p.24)
　　鉄道
　鎖国時代に千石以上の船舶を造ることを禁じたるより，海の児たる日本民族の雄志も一旦挫折したりき。然るに開国以来造船航海の事業共に年を遂うて発達し，わが商船は世界の洋上に国旗を翻しつゝ航行して，通商貿易に従事す。また国内に於て能く二万頓以上の戦艦，商船を製造することを得るに至れり。(p.25)

これは当時の共通認識といえるであろう。同課には，鎖国政策批判が含まれている。関連して，同第5巻第39課「開港以前の貿易」で，

大隈重信編『開国五十年史』（1908）から益田孝（1848—1938）の
「外国貿易」が引用された。益田は三井物産を日本屈指の商社に発
展させた人物である。益田の引用文の前半は徳川幕府の鎖国政策や
国内の藩外米穀流通禁止等に対する徹底した批判であり，後半には
明治初期の自身の体験を回顧する次のような文を含んでいる。

　当時第一の困難は，言語の不通と，慣習の相違と是れなり。概し
て内外商は，直接の商談をなす能はず，コンプラドルと称する特
殊の書記を使用して，必要の媒介者となし，其のコンプラドルは，
今も支那の諸開港場に行はるゝが如く，たゞコムミッションの収
得を目的となし，毫も商業の利益を顧みざるを以て，内外商は常
に彼等に疎隔せられ，商業運用に必要なる相互の親密も信用もな
く，ために内商は直接の迷惑を感じ，現金を支払はずんば貨物を
引取る能はず，貨物を引渡さずんば支払を受くる能はざる状態な
りき。
　当時貿易の権利は，日本商人の気力乏しく，資本少なく，組織
を欠く等のため，全く外商の掌握する所となれり。 …
　日本人にして直接貿易を開始したるものも亦少なからず。其の
成功したる部分は，現時各港に純粋の日本貿易商を見ること多く，
或ものは各種の重要貿易品を取扱ふがため，世界各地に支店を有
せり。（pp.153 – 155）

開国してから，国際貿易が軌道に乗るまでの並々ならぬ苦労と努力
が伝わってくる。天野は『実業新読本』全体で，日本が開国して大
きな変化を経験したが，貿易や外国人との交流から利益があったこ
とを伝えるとともに，その後も発明による変化が起こるであろうと
予想したのであった。

4. 国際機関の誕生

　1920年には，初めての世界大戦（14−19年）の戦後処理のために，戦勝国がパリで講和会議を開催した。敗戦国のドイツに大きな賠償金が課せられ，また大きな戦争の前と後で世界は大きく変化していた。国際平和を目指して国際連盟（League of Nations）が設立され，各国の労働条件の改善を目指して国際労働機関（ILO）も誕生した。国際金融機関はまだなく，国際連盟の下，各国は国際金融会議を開催し，国際金本位制に復帰して貿易の障害を取り除くことに合意し，実行に移していった。

　1929年10月のアメリカ・ニューヨークでの株価暴落から，貿易問題や通貨・金融政策で各国が対立するなどしたため，世界全体で貿易が縮小し経済が停滞して大量失業が発生する世界大不況（The Great Depression）に陥った。貿易と金融でつながった各国経済が世界でほぼ同時に落ち込んだ初めての経験だった。各国は金本位制度を停止してゆき，国内金融制度の立て直しや政府の公共投資等により一旦は経済や貿易が回復しかけた。しかし，各国間の相互不信が根強く残っていて，2回目の世界大戦を防ぐことができなかった。

　1945年には，第二次世界大戦（39−45年）が終結した。国際平和を目指して国際連合（UN）が設立され，安定した国際通貨制度をもたらす目的で国際通貨基金（IMF）が，各国経済の再建と発展を目指して国際復興開発銀行（IBRD）が設立されていく。IBRDは後の1960年に設立される国際開発協会（IDA）と併せて世界銀行と呼ばれるようになる。経済の発展・開発（development）は各国の政策担当者の間でのコンセンサスになってゆく。

　もっとも，自由貿易については専門家の間で意見が分かれていた。1930年代に輸入制限や平価切下げの政策，それに対抗する報復措置

が取られて，世界の貿易量が減少して不況が長引いた経験を重視する専門家たちが積極的に動いたといってよい。一方で，関税や他の貿易障害を取り除くことを目指した国際貿易機関（ITO）は，憲章を批准するに足る規模数の国を十分に得られる見通しが立たなくなった。他方で，自由貿易推進者たちは別の国際会議を開催していて，貿易と関税に関する一般協定（GATT）が「暫定機関」として動き出すことになった。

　1995年に正式の国際機関として世界貿易機関（WTO）が誕生する。国連内で1961年に国際技術移転の研究が始まり，1975年に多国籍企業問題を研究する委員会が設置される。1964年，発展途上国と先進国の間での投資，貿易，技術，金融をめぐる問題（「南北問題」とも呼ばれた）に対処するために，国連貿易開発会議（UNCTAD）が常設機関になり，1993年に国連から多国籍企業研究を継承する。1990年代，情報通信技術の革命的進歩に支えられ，国際機関同士がいっそう協力するようになり，また積極的に情報発信をしてゆくようになる。

　情報技術の進歩は，金融工学の発展につながり，金融取引に革新的変化をもたらしていた。小さな利益機会も見逃さない連続的な裁定取引も可能になっていた。多様な金融商品が開発され，さまざまにリスクが取られていた。1998年には，米ヘッジファンドのロングターム・キャピタルマネジメント（LTCM）が清算された。2008年9月の米大手投資銀行リーマン・ブラザーズが破産申請をしたあと，一夜にして欧米中心に信用市場が凍り付き，世界の実体経済にも影響が及んで，大景気後退（The Great Recession）と呼ばれるようになった。経営不振に陥った大手銀行について，経営責任は経営者にあると認識されたものの，「大きすぎて倒せない（Too big to fall）」，「入り組み過ぎていて倒せない（Too much intricate to fall）」といった科白が飛び交うことになった。

2011年にはヨーロッパのユーロ圏で通貨問題が顕在化する。要するに，共通の単一通貨を複数の国々で導入したことから，当該国の間では経済不均衡を調整する経済変数（為替レート）が無くなっていたのである。貿易収支の不均衡は2国間で解消の努力をすることになっているようであるが，十分には行われていない。ユーロ安定に向けて，金融制度や貨幣政策の調和を目指して調整を進めることは提案されている。

この間，IMFの役割が見直されている。GDP規模が比較的小さかった国々（メキシコ，タイ，インドネシア，韓国，ギリシャあたりまで）に対しては緊急融資などによる介入によって金融経済の立て直しを図ることができても，GDP規模が大きい国々（アメリカ，イタリア）に対しては，警告を発することができるだけである。もっともユーロ圏の問題解決には，IMFの協力が必要であると認識されている。いずれにせよ，経済統合が進む地域での金融政策における国際協力の機会は増えていることは確かである。

5．国境を越えて活動するプレイヤー

国境を越える経済活動を考察する際には，国境を越えて活動する組織や団体に光をあてて，その当事者たちがどのように行動しているかを分析することが重要である。図表「国境を越えて活動するプレイヤー」をみてほしい。

国境を越えて活動する経済主体には，各国政府，多国籍企業あるいは越境企業，国際経済機関，非政府組織（NGO），非営利機関（NPO），そして市民がいる。例えば，国際経済機関には，国際連合（UN），経済協力開発機構（OECD），国際通貨基金（IMF）等が，各国政府には，アメリカ政府，シンガポール政府，日本政府等がある。国際協力機構（JICA）は日本の機関であるが，国際機関

と協力して市民の国際交流・貢献活動を促進してきた。

　このなかでもっとも強い経済的権限をもつのは各国政府であると考えられる。その理由は各国政府が**徴税能力**をもつからである。しかし，世界経済を支えているのは，税金を払えるだけの利益をビジ

図表 1 − 1　国境を越えて活動するプレイヤー 1

図表 1 − 2　国境を越えて活動するプレイヤー 2

ネスからあげる力をもっている民間の経済活動であろう。市民が税金を払うためには，公平な負担感がもたれる制度でなければならない。世界戦略をもつ民間の越境企業，多国籍企業と，各国の政府および市民との間には微妙な──ときには緊張をはらむ──関係があることが知られている。越境企業についての研究は，国連と国連機関を軸に実施されてきた。国有・国営企業（state owned enterprise, SOE）の位置づけも国際経済問題の俎上にのっている。

第 2 章
ネットワーク社会

　「ネットワーク」という言葉が日本語の中に定着していることは確かであろう。その意味合いには時間とともに少しずつ変化があったことも確かであろうが，日常的に頻繁に使われるので，日本にずっといればそれぞれのコンテキスト（文脈）においてだいたい正確に把握されているのではないだろうか。しかし，外国人留学生には捉えにくいようで，教室では彼らの反応を見ながら説明することになる。

1．ネットワーク社会

　振り返れば，日本の社会科学では，今井賢一の『情報ネットワーク社会』（岩波新書，1984年）によって，「情報社会」と「ネットワーク社会」が結合されて提示されたといってよい。経営学者は総じて新語を発明して利用し始める傾向がある。情報・知識のネットワークのインターフェイスは，フェイス・トゥ・フェイスの人と人の直接的つながり，つまり顔を向き合わせての直接会話によって支えられている。そして，これが一般的には都市の機能である。これらが，今井が『情報ネットワーク社会』で主張した重要なポイントである。キャンパスの中では，教室での授業の重要性が再認識され，情報伝達の媒体が変化しても私たちの思考の糧となる古典がある一方で，1990年代末頃以降に出版される出版物の中には，インターネットの広がりを前提にして社会科学を語る書物が登場した。

●インターネット

　インターネットは，サーバ（高性能コンピュータ）を経由しながらコンピュータをつなぐ（電子）ネットワークである。ネットワークの利用法には**汎用性**が高いという特徴がある。

　日本でのインターネット利用の先駆者である村井純は『インターネット』（岩波新書，1995年）の中で，「インターネットとは，『世界中のすべてのコンピュータをつなぐコンピュータ・ネットワーク』だというのが，いちばん簡単な理解だと思います」(p.2)，「インターネット上でのコミュニケーションは**個人**を重視した開放的な性格を色濃く持っています」(p.11) とのべた。同書は日本でのインターネット普及の様子を伝える歴史的な意義ももっている。村井純の『インターネットⅡ』（岩波新書，1998年）はさらなるインターネット利用の広がりを伝える書物となっている。

　1990年代，マークアップ・ランゲージに支えられたウェブサイト（World Wide Web，WWW）が構築され，ウェブブラウザ（ウェブサイト閲覧ソフト）を利用することによって，情報が発信され共有されるようになった。個人でもウェブサーバにコンテンツを送信してホームページを開設できるようになった。インターネットは，多くの人々に対して，わずかな費用で短時間でのコミュニケーションを可能にした。そのため，インターネット上には情報が「過剰」といわれるほどに溢れ，無意味・無内容な情報ばかりではなく，時には誤解やデマ（fake news）を含む有害な情報まで発信されるようになった。情報の品質管理が発信者の誠意に委ねられていて，発信者の意図を見抜く能力が求められるようになっている。

　21世紀になると，無線ランの普及，ウェブ技術の進歩が目覚ましく，電子メールやポータルサイト，電子掲示板（BBS），ツィッター，ブログ，ソーシャル・ネットワーキング・サービス（SNS）と，用途はますます広がっている。2007年にスマートフォン（スマホ，高

性能携帯端末）が登場した。

インターネットは、「コンピュータ＋ネットワーク＋サーバ」に
支えられる，分散型情報処理システムである。それに対して，ウェ
ブシステムが進化するにつれて，アクセスが許可されたグループだけ
けが利用できるイントラネットの利用が広がっている。コンピュー
タ・ネットワーク，イントラネットに支えられ，組織の中では，意
思決定・管理の集中化（あるいは，中間管理職の減少）が可能にな
り，グローバル・レベルでの集中型情報処理システムの構築につな
がっている。

●コンピュータと教育

日本の教育においてコンピュータの利用は後れていた。1980年代
初頭，これを指摘したのは，海外の教育研究者であった。日本の半
導体を含むコンピュータ関連の技術進歩に瞠目していたのだが，訪
日して調査すると教育環境は逆であった。

1984年11月に日本教育工学会が設立され，1985年1月に文部省社
会教育審議会教育放送分科会が「教育におけるマイクロコンピュー
タの利用について――中間報告」を発表した。佐伯胖の『コン
ピュータと教育』（岩波書店 1986年，復刊 2000年）が，コンピュー
タ研究者が心に抱くイメージと当時の研究状況を伝える。コン
ピュータは人間の脳に似せて作られたものであり，それは飛行機が
鳥に似せて作られたのと同様であるとする。飛行機の製造では，鳥
の生物学的構造を模すのではなく，飛ぶ機能を強調して抽出し，拡
大して実現に至ったのである。そしてコンピュータの研究では，脳
の次のような機能に注目していた。

人間は，記号（シンボル）というものを発明し，その記号を一
定の規則に従って操作することによってものごとを予測したり推

論したりするようになっていた。それは，おそらく人類とよばれる生物が他の生物ときわだって異なる，もっとも得意としてきた活動であろう。それは，ほかならぬ人間の「脳」の重要なはたらきであり，人類の進化とともに，ますます発達してきたはたらきにちがいない。

　コンピュータというのは，そのような記号を操作する脳の働きを抽出し，拡大させたものである。したがって，コンピュータのしていることというのは，程度の差はあろうが，私たちが頭の中でしていることの一部に共通しているのである。その意味で，コンピュータは私たちの「分身」なのである。(pp.16-17)

現在の人工知能（Artificial Intelligence, AI）の機能につながる議論でもある。コンピュータ・ネットワークシステムにより大量のデータ（ビッグデータ）を収集できるようになり，AIがその分析を行うことが期待されるようになってきている。

　1980年代，その上でコンピュータは「脳の代替か延長か」が論争点の1つになっていた（p.18）。佐伯はコンピュータを使って文章を書く作業を解析してゆく。

　私たちは鉛筆で字を書いているとき，「今，鉛筆を持っています」ということはほとんど意識しないだろう。ものを書いているということすらことさら意識したりしない。そこには，思考の流れが自由に表出されているという感覚しかないのではないだろうか。この立場からの理想のコンピュータというのは，そういうときの鉛筆のようになることである。ただ，鉛筆よりも，もっともっと，人間の思考にマッチし，思考を助け，拡大させるものでなければならないが，最近のコンピュータ科学では，コンピュータシステムの「透明性 transparency」とよぶ。すなわち，あた

かも使いこなしている道具のように，その存在をことさら意識することなく，自分の体の延長のように考え，自分の体を動かすときのように自由自在に操作できる状態をさす。(pp.19-20)

コンピュータの利用はかくして，「代替と延長の融合」をもたらし，人間の限られた情報処理能力を補強すると主張する。つまり，人間の思考を表現するシンボルを表示し伝達する媒体（メディア）として機能するとした。

社会科学においては，コンピュータは人間の限られた情報処理能力を補強し，「紙とペン（筆）」の延長となっているといえる。一人一人のペンの握り方や書く文字に癖があり，各自が書く文章に文体があるように，コンピュータやネットワークの利用法にも個性がある。思想や思考は言葉（文章）で表現されてきた。新しい技術革新は生産性の向上をもたらすと期待されていた。

もっともデータをみると，1990年代から2010年頃まで，コンピュータやネットワークの利用は，それらによる生産量の増加以上に労働時間を増やしたので，時間当たりの生産性は減少したのであった。そのため，**「生産性のパラドックス」**が起こっていると言われていた。これをわかりやすく最初に指摘したのが，アメリカの経済学者ロバート・ソローであった。2010年頃になって，コンピュータや応用ソフトウェアの性能がさらに向上して状況が変わり，ようやくコンピュータの利用が単位時間当たりの生産性の向上につながるようになった。

実際のところ，1990年代半ば以降にあっては，鉛筆の使用機会は減ったものの，紙の使用量は増加し，コンピュータ同士がインターネットでつながれるようになった。コンピュータ・ネットワークの広がりは，社会科学者の研究手法，学生たちの勉強法やレポート作成法にも大きな変化をもたらし，実際の教室を使わず，インター

ネットを通しての一種のテレビ会議により授業を行うことができる
ようになった。知識・情報リソースは，品質管理をした上でデジタ
ル化されていく趨勢にある（池尾愛子「社会科学とコンピュータ・
ネットワーク利用」『早稲田商学』2001年12月）。

● ユビキタス・コンピューティング

　東京大学の坂村健は，1984年に財団法人トロン協会を設立して，
別の角度からコンピュータの形態や利用法を先駆的に研究してきた。
トロン（TRON）は，The Real-time Operating system Nucleus の
頭字語からなる。彼は『痛快！　コンピュータ学』（集英社イン
ターナショナル，1999年）において，次のような議論を展開してい
た――「コンピュータ…は用途を選びません。それは要するにコン
ピュータという道具が，水や空気のように『無色透明』であるから
なのです」（p.12）。一言でいえば，「コンピュータには汎用性があ
る」ということで，利用のされ方に応じてさまざまな展開の可能性
を秘めているのである。

　2004年，坂村は，バーコード等を読み取ってコンピュータが反応
して自動で動くことを基本とするような，「ユビキタス社会」を見
据えていた。

　　ユビキタス・コンピューティングとは，「状況」を自動認識し，
　人にとって「気を利かせてくれる」機能を，大量にコンピュータ
　を組み込んだ現実環境で実現させようというコンセプトである。
　　「これは何」といった最も基本的な状況認識のために，唯一無
　二の識別コードを電波で読み取れる RFID（無線自動識別）タグ
　や，光で読み取るバーコードタグに書き込んで物品に添付する。
　それを手がかりに必要な情報やサービスを呼び出す。それをサ
　ポートするのが，ユビキタス ID センター（東京・品川，大手電

気・情報企画や印刷会社などが参加する日本の標準化団体）であ
る（『日本経済新聞』2004年4月22日朝刊）。

ユビキタス技術の利用は実生活に深く結びついているため，文化
や国民性など国による違いに対する配慮が必要であるとされていた。
トロンは互換性のある OS を作るための基準であり，応用目的に
よって，さまざまなトロンが展開されている。カーナビゲーション
や携帯電話などの機器への組み込み用の Industrial TRON
（ITRON），パソコン用の Business TRON（BTRON），通信や情報
処理用の Communication and Central TRON（CTRON），これら
の OS を接続・統合して住環境を制御する Macro TRON
（MTRON），ユビキタスコンピュータを目指す entity TRON
（eTRON）などがある（イミダス 2011.01）。

2015年には IoT（アイオウティー，Internet of Things）が一般
に語られるようになった。「Things」には「物」や「事」が含まれ，
IoT は「物」や「事」のインターネットでの連結を意味し，資源の
効率的利用（無駄のない利用）を目指して研究開発が進んでいる。
情報を集めて，得られた情報に応じて，自動的に機械や機材の機能
が調整されて，それらが自動的に動作するように研究開発が進めら
れている。エネルギー資源の乏しい日本では，自動的に達成される
省エネルギー・システムの構築にも期待が寄せられている。運転す
る人が不要になる，自動運転の自動車の開発も急ピッチで進んでい
る。

●ウェブシステム
コンピュータとインターネットは，グローバル化を促進している。
情報処理・通信にかかる費用が低下し，変化のスピードが加速し，
生産工程の分割を容易にして，**モジュール化**と**アウトソーシング**が

起こっている。サーバとネットワークが利用できる仕事は，地球上において場所を選ばなくなっている。時差を考慮しながらではあるが，国際的アウトソーシングが起きている。例えば，インドのプログラマは世界各地からの需要に応じる仕事ができるように訓練されている。消費者からの電話での問合せに応えるコールセンターは，必要な言語を話せるオペレータが配置できれば，世界中のどこからの問合せに対しても対応できる。フィリピンにあるコールセンターでの英語での電話回答，中国東北地方にあるコールセンターでの日本語での電話回答等がよく知られている。

1990年代，国際機関がウェブサイトを構築し，基礎知識（沿革・現況），過去の情報，最新情報などを，徐々に提供し始めた。国際機関もウェブサイトを通して積極的に情報を提供するようになり，また関係者から情報提供を受けるようになった。ウェブサイト構築以後，それ以前と比べると，国際機関の透明性が抜群に向上した。

2．インターネット連結性

コンピュータの利用や電子ネットワークの急激な展開が，情報通信技術（Information Communication Technology, IT）革命をもたらし，人々の経済活動や社会的活動を変化させている。ネットワーク化の動因には，冒険や経済取引など生活の向上に直接つながるよい因子と，犯罪や戦争など好ましくないことへの対処により社会の安定性を目指す因子があるといえる。

情報化社会での政府の役割は何か。2000年7月に沖縄で開催されたG7/G8サミットで採択された「グローバルな情報社会に関する沖縄憲章」が参考になる。ITの革命的影響をうたいあげ，ITが提供する機会（デジタル・オポチュニティ）を活用することを唱え，同時に，種々の格差の発生を見越して対処する必要があることを共

通認識とした。

　競争を刺激し，生産性の向上を促進し，経済成長及び雇用を創造し，持続させる上での IT による潜在的な利益には大きな可能性がある。我々の任務は，情報社会への移行を促進し，円滑化することのみならず，その経済的，社会的及び文化的な利益を十分に享受することである。

　情報社会における情報通信ネットワークの発達に関しては，民間部門が主導的な役割を果たす。しかし，情報社会に必要な，予測可能で透明性が高くかつ差別的でない政策及び規制の環境を整備することは，政府の役割である。

　沖縄サミットでは，「文化の多様性は社会や経済のダイナミズムの源である」というメッセージと，無形文化財保護，IT の活用，相互交流の促進などの要素も盛り込まれた。

　情報インフラへのアクセスの重要性が共通認識となり，デジタル・ディバイドの解消も政府の役割とみなされ，次のように説明された（http://www.mofa.go.jp/mofaj/gaiko/it/dd.html 2017 年 1 月 27 日）。

　1．デジタル・ディバイドとは，我が国国内法令上用いられている概念ではないが，一般に，情報通信技術（IT）（特にインターネット）の恩恵を受けることのできる人とできない人の間に生じる経済格差を指し，通常「情報格差」と訳される。

　2．デジタル・ディバイドは，①国際間ディバイド，②国内ディバイドがあり，国内デジタル・ディバイドは，③ビジネス・ディバイド（企業規模格差）と④ソシアル・ディバイド（経済，地域，人種，教育等による格差）に分けることができる。また，デジタ

ル・ディバイド発生の主要因は、アクセス（インターネット接続料金、パソコン価格等）と知識（情報リテラシー等）と言われているが、動機も大きな要因であるとの分析もある。

3．デジタル・ディバイドは、あらゆる集団の格差を広げてしまう可能性を有しているため、その解消に向けて適切に対処しないと新たな社会・経済問題にも発展しかねない。他方、デジタル・ディバイドを解消し、IT を普及させることは、政治的には民主化の推進、経済的には労働生産性の向上、文化的には相互理解の促進等に貢献すると考えられる。

2000年時点でかなり網羅的な定義が提供されたものの、「デジタル・ディバイド」という言葉は、時とともにより広範な「情報格差」問題を包含するようになっている。

情報通信技術に関する日本の政策について、いくつかの資料がウェブ上に公開されている。地域に根差した国際機関では、インターネット連結性（Internet-connectivity）の実現が重視されている。

3．インターネットの歴史

インターネットはアメリカで研究開発が進められた歴史をもつ。大量破壊兵器である原子爆弾が最初に開発されたのもアメリカにおいてであった。その原子爆弾がソ連（現ロシア）でも開発されると、国防のあり方が変化して、後のインターネットにつながる技術開発が進められたのである。

「核兵器・核軍縮の歩み」については、広島平和記念資料館のウェブサイト（http://www.pcf.city.hiroshima.jp/index2.html）がわかりやすい。アメリカの国際社会に対する態度の変化をつかむことが大切である。

第一次世界大戦後の1920年代，アメリカのウィルソン大統領が国際連盟設立につながる提案をしたにもかかわらず，議会の反対により，アメリカは国際連盟には加盟しなかった。モンロー主義と呼ばれる孤立主義的な外交政策を採ったのである。もっとも軍縮に向けては積極的に動き，首都ワシントンで軍縮会議を開催した。一国で軍縮に踏み切ることはためらわれたが，関係各国が会議で決められたペースで足並みを揃えて軍縮を実施することは，国防予算の削減ひいては減税につながるので，有権者にアピールすることができたのである。

　1930年代，中央ヨーロッパの優れた科学者たちがドイツのナチズムやイタリアのファシズムを逃れてアメリカに渡り，新たな研究活動を開始する動きが顕著になった。日本人たちは専門誌の論文の著者たちの所属機関や滞在地が変わったり，欧米を訪問した人々から伝え聞いたりするなどして，中央ヨーロッパの大学からアメリカ大陸の大学や研究機関へと科学者たちが西方に大きく移動していることに気づいていた。つまり大勢の知識人たちが政治亡命していたのである。対照的に第一次世界大戦以前には，人々は経済的理由によってほとんど何の制限もなく国境を越えて移動していたのであった。

　1921年にノーベル物理学賞を受賞したA.アインシュタインは，1933年にヨーロッパからアメリカに渡り，プリンストン大学高等学術研究所に着任した。1939年8月，L.シラードらの要請を受けて，彼はルーズベルト大統領に書簡を送り，ウラニウムにより新型爆弾を製造することが可能であり，そしてドイツが開発する可能性があると伝えた。ドイツが2回目の世界大戦に突入した後，ドイツが原爆開発で先行することを危惧して，アメリカ軍部主導で原子爆弾の開発・製造を目指すマンハッタン計画が進められた。1945年7月16日に原爆実験に成功し，8月6日と9日に広島と長崎に原子爆弾が

投下された。

　1947年，旧ソ連とアメリカの対立を中心とする，東側の社会主義諸国と西側自由主義諸国が対立する東西の冷戦が始まった（1989年に終結）。1949年8月に旧ソ連が原爆実験に成功し，アメリカの核の独占が破られ，「核の均衡」が生まれる。1952年11月，アメリカは水爆実験に成功する。1953年12月8日，アイゼンハワー米大統領が国連総会で「アトムズ・フォー・ピース，Atoms For Peace」と題する演説を行い，アメリカによる核技術の独占を過去のものと認め，原子力の平和利用を訴えた。かくして核エネルギーは，電源や船舶の動力源としても利用されるようになる。

　核不拡散条約（NPT，1968年署名，1970年発効）署名の前に，イギリス，フランス，中国が核開発に成功した。ストックホルム国際平和研究所によれば，NPT未加盟のイスラエル，パキスタン，インドが核兵器を保有している。

●インターネットの歴史

　インターネットの開発はアメリカで進められ，Neil Randall の『インターネットヒストリー』（村井純監訳，オライリージャパン，1999年）が詳しい歴史を提供する。

　現在使われているコンピュータの基本構造は，1940年代にほぼ完成した。アメリカでは，プリンストン大学高等研究所にいたジョン・フォン・ノイマンが中心になって開発が進められ，砲弾の弾道計算などにまず使用された。

　1957年10月，旧ソ連が無人人工衛星「スプートニク」の打ち上げに成功して，アメリカの科学界・国防担当者は「スプートニク・ショック」と呼ばれる大きな衝撃を受けた。核兵器が小型化されてロケットに搭載される可能性に気づいて，核の恐怖に慄いたのである。同年すぐに，科学政策の改革が行われ，高等研究計画局（Advanced Research Project Agency, ARPA) が設立された。そして，「ソ連の攻撃を受けて一部が破壊されたとしても，使用可能な形で残る通信ネットワークの研究」に着手された。1969年に ARPA ネットが構築され，1983年には全米科学財団（National Science Foundation, NSF）が関与する形で，NSF ネットが構築された。1991年以降に商業利用が開始され，インターネットが普及してゆき，民間の研究開発により，情報通信革命が進行するのであった。1990年代には文書ファイルを電子メールに添付して送信できるようになる。

　2001年9月11日，アメリカで同時多発テロが起こったが，その時，実行犯たちが電子メールで通信しあっていたことがわかり，この歴史を知る人々に少なからぬショックを与えたのであった。

● 個人向けコンピュータ・ネットワーク小史

　まず，日本での研究者向けコンピュータの歴史をみておこう。1965年1月に，東京大学の大型計算機センターで共同利用業務が開始された。1969年に，京都大学，東北大学，九州大学で同様のサービスが始まった。日本の応用計量経済学者の場合，それ以前には，東京経済研究センターを拠点とし，電力中央研究所と経済企画庁のコンピュータを使って計量分析をしていた。

　時期が前後するが，アメリカにいた計量経済学者の畠中道雄（1926-2016）のケースをみておこう。彼は東京大学・東北大学大学院で理論経済学を学んだ後，アメリカのヴァンダービルト大学大学院に入学して実証研究に開眼した。1955-63年，プリンストン大学でジョン・フォン・ノイマンと O. モルゲンシュテルン組織の「コンピュータを利用する応用科学」プロジェクトでデータの処理と分析に携わった。フォン・ノイマン作成の210ビット・コンピュータを操作し，さらに当時の高速コンピュータを操作して計量分析に挑んだ。彼は C. グレンジャーとともに真冬に電算機室の窓を開け

て，部屋いっぱいに放熱する IBM650を使って時系列データの調和分析，スペクトラム分析を行った。エール大学では J. トービンが IBM650を使って，トビット・モデルにつながる研究を行っていた。やはり冬期に実施され，電算機室の真上の部屋まで温度が上昇したという（第13章参照）。畠中は1966年に帰国後，大阪大学で共同利用のコンピュータを使い「FORTRAN」を走らせて計量分析を続けたのであった。

　日本では1970年代後半，パーソナル・コンピュータ（パソコン）の販売が開始された。1980年代前半，パソコンやワープロ専用機が社会科学者の研究室に導入され始める。当時の金額でそれぞれ100万円程度（NEC9800シリーズ），60万円程度（東芝ワープロ専用機JW1）であった。1980年代後半，パソコンの価格が20万円台（NEC9800シリーズ）まで下がり，中古パソコンやワープロも出回るようになり，若手の社会科学者たちも私費購入が可能になる。1980年代末のアメリカでは，大学院生たちが自分のパソコンで「ガウス」を使って計量プログラムの作成に励むようになっていた。

　既述のように，1980年代，NSF ネットが延長され，学術上のネットワーク通信（電子メールの利用）が始まった。利用者は少なかったが，近い将来に革命的変化が起こるのを予感する人たちがいた。日本でも会員向け商業的パソコン通信サービスの提供が始まった。ニフティ株式会社の場合，1986年に設立され，1987年にパソコン通信サービス開始，1994年にインターネットと接続させるゲートウェイサービスを開始して，非会員とのメール交信を可能にした。1997年に個人ホームページ開設サービスを開始，1999年に新たなインターネットサービスを開始し，サービスを多様化させて，情報通信環境の変化に対応した（ニフティ株式会社沿革 http://www.nifty.com/ 2004年アクセス）。

4．日本での業務用コンピュータ導入

　日本での業務用コンピュータの導入の様子を，銀行業界でのコンピュータ・ネットワーク（専用回線）の展開を通して見ておこう。銀行協会の歴史（『20年史』，『30年史』，『50年史』）等が参考になる。

　終戦直後，銀行業界では，ソロバンとペンを使って業務を再出発させた。1950〜51年頃，事務機械の使用が開始された。最初は，単能機械（記帳会計機，加算機，計算機）が利用されたが，まもなく統計機械が導入され，1955年頃から IBM のパンチカード・システム（PCS）を採用する銀行が登場した。1960年代前半に電子計算機（コンピュータ）がオフラインで利用され始め，本支店間を結ぶテレタイプ網など通信手段の機械化が行われた。1965年頃，窓口で発生した事務を通信回線を通じてセンターのコンピュータに伝えられるようになり，オンライン・システムが始まった。

　業務合理化に向けて，MICR（Magnetic Ink Character Recognition，磁気インクによる小切手の大量処理方式）の導入が進められることになった。1958年にアメリカ銀行協会が小切手処理に MICR 方式を採用し，手形小切手等の証券類の底辺部分（クリアバンド）に磁気インクで金額，銀行コード，支店コード等を印字し，これらをリーダーソーター・コンピュータで読み取って持出・持帰事務の分類・計算を機械的に処理するようになった。MICR 導入のために，日本では，小切手の横書き化，算用数字の利用が必要であった。つまり，縦書きの「壱弐参四五六七八九壱拾」から横書きの「12345678910」への移行もあった。

　1971年7月，MICR 方式による手形交換システムが，東京手形交換所において採用された。それまでは，1887（明治20）年12月に東京手形交換所が設立されて以来の立会交換方式が実施されていた。

1973年4月9日，**全国銀行データ通信システム**（「**全銀システム**」）が確立された。全銀システムは，全国各地の銀行とその支店および全銀センター中央情報処理装置を，通信専用回線で結ぶコンピュータ・ネットワークシステムである。これは，全銀センター・全銀ターミナルおよびこれを結ぶ通信専用回線から構成される。全銀システムと各銀行のシステム（自行システム）とは，全銀ターミナルにより接続されている。

銀行間ネットワークも着々と構築されていった。例えば，1995年5月頃には都市銀行間で，1996年5月頃には都市銀行と地方銀行の間で，1997年5月頃には都市銀行と信用金庫の間で，ATMによる振り込みが可能になっていた。それ以前，一般利用者は銀行窓口ですべての振込み手続きを行わなければならなかった。21世紀になって，コンピュータを使ったオンライン振込みや，携帯端末を使っての振込みが可能になっている。

ネット・バンキング（Online Banking）が始まるのは，2000年以降である。各行のウェブサイトにある「会社情報」をみていこう。2000年1月14日，イーバンク銀行株式会社（eBANK Corporation）が設立され，電子メディアによる銀行業，おもに決済業務に特化した。2010年5月4日に，楽天銀行に商号が変更された。

2000年9月19日に，ジャパンネット銀行が設立され，10月12日に開業した。同行は「日本初のインターネット専業銀行」として，さくら銀行・住友銀行・富士通・日本生命・東京電力・三井物産・NTTドコモ，NTT東日本の出資により創立された。2001年4月2日にソニー銀行株式会社設立，2001年4月10日に株式会社アイワイバンク銀行設立，5月7日開業と続いた。アイワイバンク銀行は，イトーヨーカドーグループ（IYグループ）から生まれ，2005年10月11日セブン銀行に行名を変更した。

さらに，郵便局は郵政公社を経て，2007年10月1日に民営化され，

32

ゆうちょ銀行として民間ネットワーク入りを果たした。

　最後にアメリカの話になるが，証券の自動取引システムが導入されたのは1980年代半ばであった。金融工学者 F. ブラックが1984年に MIT からゴールドマン・サックスに転職して同社で最初のクォンツ（金融分析専門家）となり，その後１年がかりで若手プログラマを使って米ウォール街で最初に自動取引システムを完成させ，大成功を収めたのである（P. メーリング『フィッシャー・ブラックと金融の革命的アイディア』2005年，今野浩監訳，村井章子訳，日経 BP 社，2006年）。ブラックはシカゴ大学時代，1973年に MIT の M. ショールズとともに，ファイナンス理論の基本となるブラックーショールズ公式と呼ばれる確率過程を含む動学モデルを発表していた。ただ他社でも自動取引システムが導入されて取引の量と頻度が著増し，1987年10月19日に，「ブラックマンデー」と呼ばれる事態に陥った。証券価格，先物価格が暴落し，取引量が膨れ上がって，コンピュータ・ネットワークシステムの処理能力を上回り，取引，決済，アメリカ連邦準備制度の電信決済までが滞ったのであった。その後，取引システムを支えるコンピュータ・ネットワークシステムの性能の向上が常に求められるようになっている。

　現在，フィンテックやビットコイン等が注目されるようになっている。

第 3 章
市場と政府

　政府の役割は何だろう。現在では，市場を通じてさまざまな財や
サービスが提供されているが，市場は真空の中に存在するのではな
い。まず，国の安全保障・平和，外交関係，通貨価値，決済ネット
ワークが安定していることが大前提であり，中央銀行の役割は信用
秩序の維持にあるとされる。そして，政府は「市場の失敗」があれ
ば介入し，貿易の障害を取り除く一方で，輸入の急速な伸長に対し
てはブレーキをかけてきた。第5章以降でみるように，国際機関が
誕生して以来，国際機関との協力が政府の役割に追加されたといえ
る。

1．市場，情報，将来予想（期待，expectation）

　市場とは需要と供給がであう場で，交換を目指す人々が絶えず情
報を交換し，自分の努力と能力と運にたよって，多様な経済的機会
を発見できる場でもある。発達した市場経済では，財やサービスの
生産者は消費者の求めるものを生産し供給するためにいつも市場動
向を調査し，また新しい需要を開拓するための努力も惜しまない。
しかし，市場経済は景気や技術革新の波にさらされ，すべての人々
に平等に機会を提供するわけでもなく，消費者・生活者にとって必
要な財やサービスをすべて供給するわけでもない。市場が公正さを
欠いたり適切に機能しない場合には，政府が経済過程に介入したり，
規制（regulation）によって消費者と生産者の間の調和を図ること

34

がある。政府の役割が増大するとともに，政府が決定した仕事を実行するための行政機構も膨張する。市場の失敗だけではなく，政府・行政の失敗も考慮しなくてはならない。

● 消費者主権と完全情報

現在では，さまざまな経済活動が，市場を媒介して行われている。**消費者主権**（consumer sovereignty）の理念は，消費者が望む財やサービスが供給されるように，生産的資源が適切に配分されることを意味している。しかし，実際のところ，現実社会ではそのような理想状態は達成されていない。消費者は価格を払える限りは選択の自由をもっている。ただ，最適な選択をするためには，適切な情報や知識を十分にもつことが必要である。

市場が有効に機能するための必要条件がいくつかあり，とりわけ情報の完全性は重要である。消費者は財やサービスの価格や品質について**完全情報**をもったうえで初めて，自分の嗜好，予算，価格体系に応じて，最適な消費を決定することができる。また，消費者が最適な資産選択を行うためには，収益率や危険など，それぞれの金融商品の特性を完全に熟知している必要がある。別の角度からみれば，株や社債を発行している企業，そして，預金や信託，保険などを取り扱う金融機関の経営状態について，**情報公開**（disclosure）が十分に進んでいなければならない。

消費者は，このような必要情報を集めることや，集めた上で熟考して適切な財やサービスを多数のものの中から選択することに苦痛を感じるかもしれない。その結果，消費者は情報の不完全な世界で，社会的な規範や慣習，個人的な習慣にしたがって，普段の消費生活を営んでいる部分が多いであろう。いずれにせよ，消費者個人は，組織や機関に比べて情報劣位におかれ，そのため，消費者や預金者，個人投資家が不利にならないように保護することが社会的に要請さ

れる。

●企業組織

　現代の生産者は多くの場合，事業範囲を決めながら企業組織を形成して，工場や事務所を構え，従業員・労働者を雇い，原材料や部品を調達して生産活動を行い，生産される財やサービスを他の企業や消費者に販売している。生産者である各企業は，何がどれだけ売れるかわからないという不確実性に直面している。生産者からみると，消費者のニーズを精確につかむことは容易ではなく，マーケティングによって市場を開拓し消費者の嗜好を探ることもできるが，消費者の需要行動には気まぐれな部分がある。消費活動には，機能的な側面だけではなく，「遊び」の要素も大きく，娯楽や旅行なども含まれる。ネットワークシステムを構築すると，どこにいても情報を交換し連絡を取り合うことができる。

　現代の消費社会においては，生産者は常にコストダウンを図るとともに，製品の改良やサービスの改善に努めている。良いものはブランドとしての価値を認められる。また，新しい商品やサービスの中にも，人々の習慣として定着していくものがある。それに対して，「遊び」の要素が強いものほど，流行に左右されやすく，企業は常に新商品を創りだし，新市場を開拓していくことになる。

　企業の活動には冒険的な要素がつきまとうので，革新に挑戦する企業家精神が尊重される。日本の天野為之は1911年頃，「発明（invention）は社会を物質的に進歩させ，貿易が世界を変える」と唱え，発明が技術革新や起業につながることを期待した。ヨーロッパからアメリカに移ったJ.A.シュンペーターは『経済発展の理論』（独語，1912年）で，資本主義経済の発展をもたらす**企業家**精神（entrepreneurship）を高く評価した。彼は，企業家が遂行する**新結合**（neue Konbinazion）あるいは**革新**（innovation）が，市場のもたらす静

態的な均衡を破壊して経済の発展をもたらすと主張した（創造的破壊，creative destruction）。シュンペーターのいう革新は，発明よりもむしろ，あらゆる分野での応用や改善をさす。第1に，消費者にはまだ知られていない新しい商品の開発。第2に，ある産業部門に（たとえ別の産業部門で用いられている技術の応用であったとしても）今まで使用されていなかった技術を導入する場合。第3に海外に新たな製品の販路を見つけだすこと。第4に原料や半製品，部品の供給源を新たに見つけだすこと。第5に，新たな経営・産業組織の形成や，既存の秩序の破壊。シュンペーターは1926年に『経済発展の理論』（独語第2版）を出版し，アメリカに移住後，1934年に英語版を出版し，彼の企業家精神と革新の経済学は全世界的に有名になった。

　J.M. ケインズは，企業家が不活動よりは活動を好む衝動に注目して，血気（animal spirit）と呼んだ。しかし，ビジネスとして軌道に乗せるためには，リスク（危険，望ましくないことが起こる確率）を適切に管理して，安全性や企業倫理を念頭におき，余裕をもって堅実に経営していくことが必要である。そうでなければ，社会的信頼を失ったり，放漫経営に陥ったりして，経営は失敗する。

　市場にも政府にも任されない「統治 governance」も重要であり，人権，労働，環境，腐敗防止への配慮も重要である。

● 市場のイメージ

　市場のイメージとして2つ取り上げよう。

　1つは財市場につながる。需要と供給の概念は経済学においてはとても重要で，市場メカニズムを語り人々の経済行動を考察するときには頻繁に使われる。そして，供給と需要がであう場が，市場となる。人々が集まる場所では，モノが交換されるばかりではなく，新しい人との出会いの機会も生み出し，情報や知識も交換されるよ

第3章　市場と政府—— 37

うになる。人々のニーズが新たに把握されれば，対応して供給が生まれることであろう。新しい財の提供があれば，市場が開拓されていくかもしれない。人々は交換し，取り引きし，交易しようとしてきた。技術革新により，通信，輸送，旅行のための交通手段が発達し，情報伝達の効率性が改善されると，市場は場所にとらわれることなく，延長され拡大された。

　日本では鎖国をやめて開国した時に気づかれたように，国際貿易が行われ市場が広がると，生糸のように海外市場向けに生産量を増やすことができた財も登場した。そして，現代につながるような分業社会が徐々に形成され，機械工業など製造業が育っていくと分業が複雑になっていったが，コンピュータ技術の発展により生産工程の分割・管理が容易になるとサプライチェーンの形成が顕著になっていった。貿易や工業化により，フロー（年々の経済活動水準）のレベルでは国民生産物（現在では，国民総生産や国内総生産）の飛躍的な上昇をもたらした。

　もう1つは，株式市場など金融市場につながる。経済活動が活発になればなるほど，活発な経済活動を支えるために，ある時点の資本量を示すストックがますます増えてくる。そこで，工場や事業所，機械などの資本ストックは社会的には固定しているけれども，株式が発行され，発行済みの株式が売買される株式市場が整うことによって，個人的には資産を流動化することができる。資本ストックに対する所有権である株式をもっていると，その企業の業績に応じて，配当を毎年手にすることができるし，現金が必要になれば売却することもできる。

　その企業の価値は（理論的には），その企業の現在の収益だけではなく，将来にわたる収益の流列にも依存している。将来の業績は現在のところ不確実であるから，それについては予想を形成することになる。将来の業績が上がると予想されるときには，その企業の

株価は現在のうちに上昇する。つまり，ある株式の価格が上がるかどうかは，直接には，株式市場参加者の予想によって決まってくる。したがって，ある市場参加者は，自分以外の市場参加者がその企業の将来業績がどうなるかについてどう予想しているかを予想（「予想の予想」）する必要が発生する。つまり，現在の株価は予想の予想に依存する。その市場参加者以外の市場参加者も同様の予想形成をしているので，ときによってはより高次の予想形成（「『予想の予想』の予想」）をする必要がある。

　将来についての予想が現在の価格を決定する——これが，株式をはじめとする資本市場での価格形成の特徴である。消費や投資，輸出や輸入などの，フローの経済活動が堅調に推移していて，ストック経済に対してアンカー（錨）の役割を果たしているならば問題はないであろう。しかし，フローの経済活動に不調があったり，大幅な財政赤字を抱えていたり，金融制度などが疾患をかかえているときには，資本市場は多大な不安定性を抱えることになる。1929年からの大不況，1987年のブラックマンデー，2008年のリーマン・ショックなどが想起される。

● 情報の不完全性

　一般の消費者や預金者，個人投資家は，保有している情報量の点で，組織としての企業や銀行にははるかに及ばない。現代社会において，**情報劣位**にある消費者たちはある程度まで保護されるべきである。**製造物責任制度**には，事故が起こったとき，財やサービスの性質を最もよく知っているであろう生産者が責任をもつべきであるという考え方が反映されている。また，製造企業や金融機関に経営情報の開示を義務づけることも，消費者や預金者，個人投資家の保護につながる。その上で，買い手責任（caveat emptor）が市場経済の原則であるとされる。

消費者と生産者の間の調和を守るために，政府・行政が介入して**規制**（regulation）を行うこともある。日本の金融産業の場合，第二次世界大戦以降，大蔵省（→財務省・金融庁）・日本銀行によって保護されてきた。経済復興および経済成長のための資金を確保する目的で，国民が安心して預貯金を行える環境を整えてきた。規制によって，最も経営体力のない金融機関が生き残れるように競争圧力を押さえる，**護送船団方式**と呼ばれる行政を行ってきた。そのため，金融の自由化を進めるにあたってようやく情報開示の重要性が叫ばれるようになった。

情報通信革命とともに，市場での売買取引の形態が変化し，資本市場はいっそうグローバル化してきており，金融市場の安定のためには各国の金融当局の協力が必要になっている。日本では，民間部門でできることは民間部門に任せ，市場のルールと制度を透明にすることが求められている。それに伴って，政府の役割は，民間部門に対して誘導的に行ってきた**行政指導**から，ルールに従った**競争の監視**へと移ってきた。自由で公正な競争を確保し，国民経済の健全な発展を図ることを目的とする，**公正取引委員会**の権限も強くなるはずである。企業の監査の仕事，消費者の金融教育（買い手責任）も必要であろう。2007-8年の金融危機への対応については，グローバル金融機関，政府，専門家の役割は増加している。

2．資源配分（resource allocation）の調整

市場の働きは万能ではなく，市場が有効に作用するためにはいくつかの条件がある。その条件が満たされないと**市場の失敗**が発生し，政府・行政が経済過程に介入する余地が生まれる。

第1に，市場取引を有効にするための**ルール**や法律が必要で，かつ人々が交わす契約が守られるように司法制度が整っていなくては

ならない。市場が必要とするルールは自然発生的に整ってくる場合もあるが，政府が自然なルールを補完するように**法体系**を整えることも要請される。政府が法律を作る際にも，市場に経済活動の相互調整を基本的に任すので，自然発生的なルールと矛盾しない法律を作ることが望まれる。

第2に，市場は，価格を払えば占有できる**私的財**は供給できるが，社会的に共同消費される**公共財**を十分に供給することができない。例えば，ある教科書を買った人は，それを自分のものとして，好きなときに自由に読んで勉強することができる。しかし，公園や一般道路など誰でも使用できるものは，その地域の自治体や政府が住民のニーズを充たしていかなくてはならない。

政府が提供する**純粋公共財**に分類されるものに，国防や外交サービスがある。日本の自衛隊や各国の軍隊は，海外からの侵略があれば敵から国を守るために設置されている。もちろん，戦争などは未然に防ぐべきで，諸外国と友好条約や安全保障条約を結んで，平和な国際関係を形成していくことも，政府の役割である。平和な国際秩序は特に，**国際公共財**と呼ばれている。通貨間の交換性の維持には各国政府と国際機関（IMF や OECD など）の協力が必要である。

そのほか，個々人や団体が関与する争い事を処理する裁判所や，国内の治安や秩序を維持するために働く警察，火災の際には消火にあたる消防署，伝染病の予防や拡大を防ぐ保健所なども，経済学では公共財とみなされる。

第3に，ある人の経済行動が市場を経由しないで他の人々に影響を及ぼす，**外部効果**があり，プラスとマイナスの場合がある。プラスの外部効果には，義務教育や伝染病の予防などがあげられ，マイナスの外部効果には，有害な廃棄物が引き起こす公害がある。グローバル化は人の移動も活発にさせたため，伝染病が国境を越えて広がりかねない（鳥インフルエンザ，重症急性呼吸器疾患サーズな

ど）。現在では，地球の温暖化を防止するためには，地球規模での二酸化炭素（CO_2）排出量の抑制が求められている。

第4に，規模に関する**収穫逓増**が存在するときには，1つの企業にある地域が必要とする財やサービスを独占的に供給することを認めることがある。これは，大きな初期投資を必要とする産業にみられる。例えば，多くの国々では，基本的に，電力やガス，水道の供給に地域独占が認められ，その料金は公共料金とみなされてきた。鉄道輸送や電気通信の場合のように，国や公社がサービス提供を独占していた状態から，民営化されたり，新たな民間企業の参入が許されるようになったりしたものもある。民間企業になれば，インフラ輸出をしやすくなる。

日本の電力業は，戦時中は日本発送電1社に集中され，民有国営形態が取られていた。元東邦電力社長の松永安左エ門（1875-1971）が戦後，電力事業再編成において強力なリーダーシップを発揮して，分割民営化が実現し，9民間電力会社が誕生した。1960年頃にいわゆる流体革命が起こり，1973年の石油ショックを経て，政府が後押しする形で，天然ガスの利用，原子力発電の利用が促進された。もっとも，電力会社の形態は国によって異なるので注意が必要である。

経済成長と政府の政策には，後発国ほど密接な関係がみられる。公共事業として，幹線道路・橋梁・港湾・空港など**インフラストラクチュア**（社会的基盤）の建設が行われると，経済活動を円滑に進めやすくなるので，経済成長を促進する効果がある。これは，時間を通じての**動学的資源配分**の問題として知られている。

アフリカやラテンアメリカの諸国と比べると，東アジアは相対的に順調な経済成長をとげてきたが，社会主義国ほどではないにしても，経済計画が頻繁に立てられるなど，概して政府の経済過程への介入の度合が強かったとみられている。ただし，社会主義国とはち

がって，「市場友好的（market friendly）」な政策がとられたという評価が，世界銀行の報告書『東アジアの奇跡』（1993）などで行われていた。しかし，1997年からの東アジア通貨危機の原因は政府の間違ったマクロ政策が原因である，つまり「政府の失敗があった」とタイ政府も認めた。

3．所得・資産の再分配（redistribution）と社会保障

現代社会は分業に基づく交換社会である。人々はさまざまな職業に従事して所得を稼いで，それぞれの生活を営んでいる。市場は人々にビジネス機会を与えるが，どの人にも平等に機会を与えるわけではない。人々が獲得する所得の大きさはさまざまで，それは努力の大きさだけに依存するわけではない。経済活動の結果として分配される所得の格差が，人々の活力をそぐほどに大きければ，社会問題とすべきである。

19世紀から20世紀前半にかけての資本主義経済では特に，貧富の格差が顕著にあらわれ，マルクス主義者の使う「搾取」「労働者の窮乏化」という表現が社会において現実味を帯びていた。2014年のトマ・ピケティ『21世紀の資本』（山形浩生・守岡桜・森本正史訳，みすず書房）は，資本収益率が経済成長率を上回る傾向があり，経済格差が拡大していることをデータで示して話題を呼んだ。

そのため，国民の間の所得や資産の分配格差をある程度緩和することを狙って，所得税や相続税には，**累進課税制度**が導入されている。これは，所得や相続遺産が大きくなれば税率も高くなる制度である。これにより，所得から納税額を差し引いたのちの可処分所得をかなり平準化することができる。

福祉国家（welfare state）とは，国民の福祉の維持と向上を目指す国家を意味する。つまり，貧困を解消して，国民の生活を向上・

安定させることを目標とする国家である。この意味での福祉国家という言葉が積極的に使われ始めたのは，1930年代末のイギリスで，ナチス・ドイツの**戦争国家**（warfare state）と対比させる意図があった。大戦中で，これは，軍事力中心で国内政策に消極的であった19世紀までの**夜警国家**（night watchman state）からの国家観の転換も意味した。

　イギリスで社会保障制度を改革し福祉国家の形成に大きく寄与したのは，ビバリッジ（W.H. Beveridge）であった。1942年に提出された「ビバリッジ報告書」では，「ゆりかごから墓場まで」生活を保障する社会福祉制度の基本理念が示された。社会保障の目標は，個々人の資力にかかわらず，全国民に最低限の生活を保障し，「窮乏からの解放」を実現することであると宣言された。第2次世界大戦後，ビバリッジの理念とケインズ主義が補完しあうように広がって，失業や貧困は，個人の責任ではなく，社会の責任であると理解されるようになった。

　日本では，1947年施行の憲法で「すべて国民は，健康で文化的な最低限度の生活を営む権利を有する」（第25条）と明記された。さらに労働争議を回避するために，労使協議制などの制度環境が整えられ，東西対立の冷戦の中での労使関係の安定化が図られた。（革新的技術の導入により）経済成長が実現すれば労働者の生活も改善されうるという展望が示され，労働規律の向上と労使の妥協が図られた。また，失業保険や所得保障保険（任意加入）の制度がある。

　近代化が進むと，どの経済社会においても，保健衛生の観念が普及し，医療技術が向上して，平均寿命が延び，人口が急速に成長した。そして，教育水準が向上し，女性の社会参加が進むと，1人の女性が出産する子供の数を表す**出生率**が低下し始めた。それにより，個々人の生活は向上したが，高齢者人口が増え，社会の長寿化・高齢化が進むことになった。

長寿は平和で安全な社会を象徴していたので，長い平均寿命は社会の基本目標とされてきた。農業中心の社会では老人から子供まで3-4世代が同居する大家族が形成されたが，工業化が進むにつれて，家族は小さくなってゆき，両親と子供からなる**核家族**が主流になった。さらに，子供のいない家族や結婚しない単身者が増えてきた。

しかし，高齢者になると，誰でも病気にかかる確率が高くなり，個人的にも社会的にも医療費がかさむようになる。他方で，高齢段階になると，長年の節制と蓄積の相違が個人差となって顕在化し，健康や資産の状態にバラツキが大きくなっている。多くの国々では，社会の高齢化がまだ続くという予想が立てられているので，高齢者が生きがいをもつことができ，生活しやすい街づくりをすることが望まれる。

第2章でみたように，デジタル・ディバイド対策も政府の仕事である。

4. 景気循環の安定化

生産者である企業は何がどれだけ売れるかわからない不確実性に満ちた世界で，ビジネスに従事している。人々の嗜好が変化したり，便利な新商品が登場したりすると，伝統的商品が売れなくなる。新しい経営戦略を立てられず，企業経営に影響が及ぶ場合には，従業員や労働者を配置転換したり解雇したりすることになる。また，農業や漁業などの場合には，その収穫高は気候や天候などの自然条件にも左右される。

19世紀以降，経済には好況と不況の景気循環の波が交替して発生するようになり，不安定な金融ネットワークが景気循環の波を増幅させていた。不況になると，返済されない不良債権をかかえた銀行

が破綻し，通常，取付はその銀行だけにとどまらず，他の銀行にも波及して金融パニックになる。これは，第二次世界大戦前の日本でもよく見られた。

中央銀行が各国に設置され，政府の銀行としての役割を果たし，**紙幣発行権**を徐々に独占していくことになった。そして，経営困難に陥った銀行に発生する取付が他の銀行に波及しないように，**最後の貸し手**（lender of last resort）としての役割を果たすことも期待されるようになった。また，**預金保険機構**により，加盟銀行ではある限度額まで預金が保障されるようになった。

中央銀行は，（1920年頃から）景気安定化のための裁量的金融政策も行ってきた。まず，市中銀行に貸出す際の金利である**公定歩合**を操作することがあり，不況の際にはこれを切下げて市中銀行の資金繰りを改善する。2010年代，スウェーデン中央銀行（Rics Bank）が最初に**マイナス金利**政策（negative interest rate policy）を実施し，いくつかの国の中央銀行がそれに続いた。市中銀行に貸出を進めるように，規定率以上の中央銀行預け金から金利を徴収するのである。第2に，預金に対する**現金準備率**を操作することがある。銀行は預金の大半を貸出しなどで運用することによって利益を上げ，預金者に利子を支払っている。銀行が，自行の金庫に準備するか中央銀行に預けなければならない現金の割合が，政策変数となっている。不況時には，現金準備率を引下げて市中銀行の貸出条件を緩和する。第3に，中央銀行が国公債の売買を通じて通貨供給量を調整する，**公開市場操作**がある。不況の際には，国公債を購入する買いオペレーションを行い，通貨供給量を増やすことができる。第4に，日本の場合には，日本銀行による**窓口指導**と呼ばれるものがある。これは景気の過熱を防ぐために用いられてきた手段で，日本銀行が市中銀行に貸出しを抑制させるときに用いられる。

第二次世界大戦後には，先進各国では，人々の雇用を確保するこ

とが政府の重要な仕事の1つになった。不況の際には，財政赤字を
だしても景気対策をとる必要があるとする，**ケインズ主義**の考え方
が定着した。財政政策を具体的にみていくと，まず，増減税がある。
不況時に減税すれば，人々の可処分所得が増えて消費が拡大し，景
気が上向けば所得が増え税収も増えるだろうというわけである。第
2に，公共投資の増加によって，景気を刺激する政策もある。これ
は，もともと資源配分を調整するために行われていた，公共財の供
給政策を，不況対策としても用いようという発想である。また，途
上国では，インフラストラクチュアの投資を行うことによって，経
済成長を促進することも狙われている。

　もっとも，1970年代には西側先進諸国では，オイルショックに端
を発し，インフレと失業が共存する**スタグフレーション**に見舞われ，
福祉政策とケインズ主義政策が見直されるに至った。1980年頃に
「**小さな政府**」を唱える政権がアメリカやイギリスに誕生し，日本
でも民間活力の活用を旗印に，行政改革が行われ，国鉄や電信電話
公社が民営化されてJRやNTTが誕生した。1990年代の平成不況
以降，すでに財政赤字が大きいため，政府は**規制緩和**による民間活
力のいっそうの活用を強調するようになった。

　また1989年11月のベルリンの壁の倒壊につづき，東欧諸国での社
会主義経済体制が崩壊したことをみて，大きな政府が失敗する可能
性が高いことを悟り，市場経済への不信感が和らいだといえる。

5. 政府の失敗の顕在化

　経済学では，市場の失敗は政府によって解決されうるという認識
があったので，政策形成の場では経済学者の果たす役割は小さいと
考えられていた。しかし，1970-80年代にクローズアップされた
「政府の3K赤字」―食糧管理会計，日本国有鉄道，政府管掌健康

保険―では，政府の失敗に直面した。

第1は，**米価審議会**である。戦後処理の最中の1949年にその設置が閣議決定され，米価等主要食糧の生産者価格と消費者価格の決定などについて審議することになった。委員は農業者，消費者，学識経験者等から構成され，経済学者が参加する場合には公益を代表する中立委員という立場が期待された。政府の生産者からの買取価格が消費者への販売価格より高く，敗戦後の食糧危機が去ると余剰米の在庫をかかえることになったので，そうした会計に赤字が累積することは火を見るごとく明らかであった。しかし，経済学者は，怪我をしないように当たり前のことを「場外黙秘」したり，農業者たちとの揉み合いで使えなくされた眼鏡や背広の費用を自己負担したりする覚悟をしなければならなかった。

第2は，**日本国有鉄道の分割民営化**である。1987年に国鉄は6つの民間会社に分割されて，発行株式はすべて政府の所有となり，のちに市場で売却された。1981年3月に鈴木善幸総理が公的部門に累積する深刻な問題を処理するために第二次臨時行政調査会（臨調）を組織したときに改革が始まった。同会長には，石川島重工業を（石川島播磨重工業として）再建した経団連名誉会長の土光敏夫が選出され，土光臨調として有名になる。この経緯は草野厚の『国鉄改革』（中央公論社，1989年）に詳しい。土光臨調の分割・民営化の答申なしでは改革が実現しなかったこと，その答申に先立って第四部会が民営化と分割を打ち出し，国鉄再建管理委員会の設置をその部会報告に記したことが重要視されている。さらに，中曽根康弘が行政管理庁長官から総理になった後に行革へのリーダーシップを発揮したこと，国鉄内部に改革者がいたこと，マスメディアの報道も民営化を支持する方向に乗って改革が実現していったのであった。

第四部会では，経済学者の加藤寛が活躍し，戦時中の民有国営会社日本発送電の民間9電力会社への分割民営化（1952年）を参照し

て，改革を決意した人々と積極的に議論を重ね，またメディアを通じて忍耐強く国民を説得し合意形成に導いたことも重要であった。職場規律是正を含む国鉄改革のおかげで，消費者の方を向いたサービスが実現し，人々は民営化のプラス面を実感することになった。日本でいち早く国有鉄道の分割民営化が実現した背景には，過去に電力業を分割民営化した経験があったことが大きい。電力と国鉄の民営化により，政府の失敗が民間経営の努力によって解決しうることが示されたのである。

　政府を動かすのも民間企業を動かすのも同じ人間である。それゆえ，政府と民間の間での優劣はつけられない。

　では，郵政民営化（郵便貯金の銀行預金圧迫），原子力発電の問題はどうだろう。考えてみよう。

第 4 章
西洋の歴史観

　日本は17世紀から19世紀半ばにかけて鎖国政策をとっていた。江戸幕府の対外関係はオランダに限定され，貿易は直轄地長崎の出島で行われた。その他に一部の諸藩が特定の取引相手に限定した貿易を実施していた。薩摩藩と琉球王国（現在の沖縄と中国の福建省の一部），対馬藩と韓半島，松前藩とロシアである。日本が外国貿易を極端に制限している間も，世界では国際貿易が行われていた。その様子を伝える本を2冊取り上げよう。

1．貿易が作り変えたこの世界

　まず，アメリカの2人の経済史家K.ポメランツとS.トピックの『グローバル経済の誕生：貿易が作り変えたこの世界』（福田邦夫・吉田敦訳，筑摩書房，2013年）である。英語初版が1999年，第2版が2006年，第3版が2013年に出ていて，アメリカでは「高校生でも読める」ほど平易に書かれていると評判になっている。原題は，*The World That Trade Created: Society, Culture, and the World Economy, 1400 to the Present*（Princeton University Press）で，和訳は第2版に基づく。

　ポメランツは米シカゴ大学歴史学部教授で，中国近代史，清朝末期から20世紀の中国の社会・経済史を専門とする。彼は2000年出版の『大分岐：中国，ヨーロッパ，そして近代世界経済の形成』（川北稔監訳，名古屋大学出版会，2015年）で西欧中心主義歴史観を超

える歴史観を提示して話題を呼んだ。産業革命以前の中国とヨーロッパではそれほど経済発展の格差はなく，むしろ中国の方が先進的な性格をもっていたと主張して注目された。中国とヨーロッパの関係を逆転させる「大分岐」につながったのが，イギリスに汽船や汽車を動かす「蒸気の力」を生み出す元となる石炭が豊富に存在したことであるとした。もちろん，「蒸気の力」や「イギリスの炭田」に着目する歴史観は，天野為之やトインビーとも共通している。トピックは米カリフォルニア大学歴史学部教授で，植民地支配下の中南米，特にブラジル経済の歴史的研究を専門とする。

　興味深い諸例が中国，日本，マレー（現マレーシア）などアジアの経済史，アメリカ，ブラジルや中南米の経済史，そしてそれらの国々とヨーロッパとの貿易史から取られていて，世界貿易の歴史的展開を具体的な話を通して捉えられるようになっている。

　目次は次の通り。

　第1章　市場の掟
　第2章　輸送技術の進歩は人類に何をもたらしたのか
　第3章　ドラッグ文化の経済学
　第4章　商品は世界を廻る
　第5章　暴力の経済学
　第6章　市場はどのようにして創られたか
　第7章　世界貿易と工業化の歴史

　本章では，『グローバル経済の誕生』のうち，ヨーロッパ人たちがアジアと接触した最初の世紀（15世紀末から16世紀にかけて）とその後の展開に注目しておきたい。

2. 第1章「市場の掟」

ポメランツとトピックは「一定のルールがなければ貿易は成り立たない」（和訳，p.57，以下同様）ことを強調する。ポルトガル人たちが1490年代に船でインドに到達し，1492年にコロンブスがアメリカ大陸に達していた。通信技術や統一された商業規則，外来者を含めて誰にでもわかる基準はまだない。その時代には，「貿易は同郷の出身者，すなわち同じ方言を話す人々や同じ宗派に属する人々によって形成された世界的規模のネットワークを通じて行われていた」。つまり，「貿易をする際に重要なことは，個人的な人間関係だ」（p.26）とする。

アジアでの貿易の特徴といえば，陸路だけではなく，海路によるネットワークが形成されて民間貿易が活況を呈していたことである。ただし，商業を統治する多様な現地の法律や伝統が存在し，それらは多様な国家，宗教，貿易ディアスポラによって決められていた。貿易ディアスポラ（diasporas of trading people）とは，生まれ故郷から遠く離れた港湾都市で貿易に従事するさまざまな人種集団をさし，中国人，イスラム教徒，ヒンズー教徒の貿易ディアスポラが巨大で複合的なネットワークの一部を担っていた。荷物の集積地で貿易ディアスポラたちは会合をもち，そのリーダーたちは貿易に関する取り決めを相互に確認しあっていた。特に，福建出身の華僑（The Fujian Trade Diaspora）と，中国の「朝貢体制」（清朝に許可された者だけが貿易を行うことができる制度）が注目される（p.21，p.30）。

当時，ヨーロッパ人にとっては，アジア貿易で成功するためには現地人と結婚して「現地人になる」ことが必須条件で，婚姻関係を結ぶことによって現地市場と社会に融け込んだ（p.55）。

1500年代中頃，（アジアに進出した後）紅海を封鎖していたポルトガル人たちが，トルコの援軍を受けてインド貿易商人と手を組んだ，（インドネシアの）アチェのスルタン率いる軍隊によって反撃された（p.38）。1600年代初めには，ポルトガルのアジアにおける勢力は衰えた。が，その頃「ヨーロッパを中心とする世界システムが形成され，重商主義，貿易戦争の時代に突入していくのであった」（p.39）

17世紀後半になると，イギリスやオランダの東インド会社を通して貿易が行われた。種々の商法のもと，グループの代表たちは自分たちのための貿易ルールを得るために交渉に臨んだのであった。

事態が一変するのは，1850年以降である。「すなわち，ヨーロッパが全力をあげて工業化を達成するために，植民地体制を確立しようとしたのである」（p.29）。「圧倒的な力を持つ新世代の白人投資家は，人口の希薄な熱帯地域——新しく出現したメコン・デルタ地帯からハワイまで——の入植地に多くの中国人と（インド人）を移住させ，彼らの洗練された農業技術を低廉な賃金で利用した」(p.29)。その際，福建出身の華僑が移住の手助けをしたことが注目されている。

3．第2章「輸送技術の進歩」

輸送費の削減は貿易利益を向上させただけではなく，経済活動の距離も延長させた。

著者たちは，「産業革命以前，最大の船は，中国海軍が建造した交易船である」ことに注目する。大型木造船は木材不足とともに限界が見えてきた。木材はといえば，石炭が普及し始めるまでは，基礎燃料でもあった。そして，「中国海軍隆盛の時代は，明朝が貨物船を利用しなくなった1433年に終りを告げ，以降，中国の貨物船は

現在のシンガポール周辺に留まり，代わりにヨーロッパ船が長距離輸送を担うことになる」(p.80)。

　封建制度（feudalism）の存否は注目しておくべきである。ヨーロッパと日本では，封建制度，封建時代が存在した。ポメランツとトピックは，「ヨーロッパの農民や手工業者は，封建制度の下で土地に縛り付けられてきたが，19世紀の戦乱により状況が変化した。中国人の方が経済的に自由であったので，これが移民の自由にも関係が深かったと考えられる」(p.96) とした。日本の場合については，朝河貫一（米エール大学正教授）が英語で明らかにした。日本の封建制度は江戸時代に変化してゆき，鎖国の終焉つまり開国とともに崩れてゆく。

　T.S. ラッフルズの功績は注目する価値がある。彼はイギリス東インド会社のアジア拠点で働き，同国のアジア貿易の展開に貢献し，ロンドン動物園（熱帯の動植物を収集）の開園に尽力した（p.96）。植物園では，それ以前は生育していなかった植物の栽培法などが研究されてゆく。ラッフルズのシンガポール建国の貢献も見逃せない。ただし，インドネシアでの貿易はオランダに独占されていた。

　1840〜1930年頃，上海が交易都市の中心の1つとして登場する。この頃，上海は東アジアで最も文明化した都市であった。1869年にスエズ運河が開通し，1870年にバタビア（現ジャカルタ）まで電信が届く。1872年，オランダの植民地はヨーロッパ諸国に解放された。

　ポメランツとトピックの「蒸気機関や電信等の西洋近代技術がマレー社会に大きな影響を与えると同時に受けいれられるようになると，ヨーロッパ人は自分達の発明は自分達だけで独占できるものではないことを実感する」(p.105) との記述は興味深い。「19世紀を通して，世界を大きく変えた最大のシンボルは鉄道であろう。鉄道の登場により陸上貨物の輸送コストは約95％削減され，それに応じて貿易量も飛躍的に増大した」(p.109) との認識も同様である。福

沢諭吉と天野為之も電信，蒸気船，蒸気機関車に注目し，天野は電力供給の産業と経済生活に及ぼす影響についても語っていた。

4．第3章「ドラッグ文化の経済学」

ドラッグとは，薬剤・麻薬のほか，「習慣性のある食品」「嗜好品」もさす。

コーヒー好きの方はいつ頃からコーヒーを飲まれ始めただろうか。現在では，熱帯のコーヒー豆の栽培地から輸入地の焙煎業者にわたり，オートメーションでパックされる。コーヒー，砂糖，紅茶，チョコレートは「疲労回復薬」ともみなされていた。タバコに同様の効能を見出す人もいるだろう。毎日のように食したいと思う人がいる産品の生産地に世界で偏りがあると，活発な貿易を継続的に生み出すことになる。

アヘンは現在では麻薬とされている。アヘン貿易は1700年代に，ヨーロッパ，特にイギリスの貿易赤字を解消するために開始された（p.146）。アヘンは昔，中国では麻酔剤として使用され（p.147），米ノースカロライナ州では抗鬱剤（鬱病の薬）としても使用していた地域がある。

コカインの物語も興味深い。コカの木はボリビアとペルーにかけて広がる高原アルティプラーノの麓に広がる熱帯林に繁茂していた（p.151）。コカの葉は宗教的な儀式と医療用に利用されていた。スペイン人がやって来て銀鉱山を掘り始めてから，コカの葉は鉱山労働者の必需品に，さらに世俗的なドラッグになった（p.153）。1860年，ドイツの科学者がコカのアルカロイドを分離抽出してコカインと命名し，麻酔薬として利用できることを発見した。米ジョージア州アトランタではコカを利用した飲料コカコーラが誕生した。1948年から，コカからコカインを抜き取る処理が行われるようになるの

で，それ以前はコカコーラにはコカインの成分が含まれていた。化学の発達により，コカインを分離抽出できるようになり，コカコーラからコカイン成分は除かれ，コカインはアメリカなどで麻酔薬や鎮痛剤として使用されるようになった。

5. 第4章「商品は世界を廻る」

　本章では，ココア，綿花，茶，砂糖，ゴム等，産地が限定される一次産品の貿易と，ジャガイモやピーナッツのように世界で広範に栽培されるようになる植物が話題になる。

　まず，ジャガイモをみよう。ジャガイモは1550年代にスペイン兵士によってペルーのアンデス山中で『発見』された。高地栽培可能，栄養価が高い，ビタミンも豊富，栽培が容易，貯蔵が簡単という特質をもっていたので，兵士の食料に適していた（p.216）。一方で，ジャガイモがヨーロッパ市場にもち込まれると，貴族が食べる高級料理のつけあわせとして定着するようになる。他方で，スペイン領ペルーの鉱山で奴隷として働かされていた先住民の主食となる。そのほか，戦禍で荒廃した土地でも栽培可能で，貧しい人々の主食にもなった（p.217）。

　ピーナッツはといえば，荒れ地でも栽培可能な土壌があり，またピーナッツ栽培が土壌改良になる場合もあり，荒れ地での栽培が広がっていった。

　砂糖はどうか。ハワイでは砂糖をめぐる攻防があった。1876年にハワイ王国とアメリカは互恵条約を締結し，ハワイ王国の砂糖製品がアメリカ市場で優遇されることになり，それ以降，ハワイでの砂糖産業は急速な発展を遂げた。しかし，1890年のマッキンレー関税法による高関税を回避して，ハワイ産砂糖をアメリカに輸出を続けるためには，アメリカの一部になるしかなくなったのである。併合

反対派女王の即位，併合賛成派のクーデターを経て，1898年にアメリカはハワイ併合を承認した。

　天然ゴムをめぐる歴史も興味深い。自動車が登場して，ゴムタイヤが装着されるようになり，20世紀は「石油の世紀」だけではなく，「ゴムの世紀」でもあったという（p.221）。最初のゴムブームは，19世紀後半のアマゾン熱帯林で起こった。当時の工業国でかつゴムの主要消費国は温帯地域にあり，熱帯植物パラゴムを自国で栽培することができなかった。イギリス人たちは，すぐに英領マラヤ（現マレーシア）にゴムの木の移植を試みた。彼らは原生林を切り拓いてゴムの木だけを栽培するプランテーションを作り上げ，生育に最小限必要な距離をおいてゴムの木を整然と植えつけた。これにより，アマゾンの熱帯雨林で行われてきたような森から森へと渡り歩きながらゴムの樹液を採取するという「浪費的な」時間を節約でき，労働者を監督して中断させることなく働かせることができた（pp.221 -222）。

　オランダ領東インド（現インドネシア）でも，ゴムの木の栽培に成功した。「ゴムの木は成木となりさえすれば，費用をほとんどかけなくても何年にもわたってゴムの樹液を採取することができた」（p.222）。それに対して，フィリピンでは政府が大土地所有を制限していたので，アメリカは広大なプランテーションを作ることができなかった。

　合成ゴムの開発が1910年代以来行われ，技術進歩があり改良が進んでいるものの，石油を原料とすることに変わりはない。それゆえ，1970年代の石油危機で，石油価格が高騰して以来，「天然ゴムの存在が再び注目され，現在でも天然ゴムは世界のゴム生産シェアの約1／3を占めている」（p.224）。

　第5章「暴力の経済学」では，奴隷貿易がかなりのウェイトを占める。ヨーロッパや北米で歴史家になる人はほとんど必ず奴隷制度

第4章　西洋の歴史観── 57

(slavery) を研究するほど，奴隷制度は重要なトピックである。それゆえ，『グローバル経済の誕生』を自分で読んでいただきたい。

6．第6章「市場はどのようにして創られたか」

　地球規模での近代的市場の形成は，本書第5章での議論と重なり合う。

　物品や情報が国境を越えて行き交うグローバル経済が作り出されるためには，それまで限られた地域または国でしか通用しなかった法律や慣行を，地球上のどこでも通用するものに作り変える必要があった。「株式会社」が作られ，「商標登録」が考案された。そして，貿易に関連する物品やルールが標準化されてゆく。

　著者たちはアメリカのシカゴにおいて，穀物取引で「商品先物市場」が出現したことに注目している。「将来を見越して借入を望む農業生産者や，激しい価格変動に対するリスクを分散し，有利な市場に投機することによって利益を手にしようとするトレーダーが，将来の収穫権を売買するようになり」，「未だ存在していない将来財を売買するようになった」(p.278)。アメリカでは，大手不動産会社が移民たちに信用貸しをして，600キロ四方以上の区画整備した土地を切り売りしたので，農民になった人たちは借金返済のために農産物を（シカゴ）市場で売るべく，計算高く貪欲に利益を求めたのであった（p.209）。そのため，「商品市場」だけではなく，「商品先物市場」も誕生したのであった。本書では触れられていないが，金銭の貸借と返済・利払いは時間の一方向への流れを意識させたことであろう。

　商品の品質を伝えるため，商標登録のしくみが登場し，「商品は生産者の名前ではなく，企業の名前で知られるようになった」(p.313)。また，消費者の欲望を掻き立て品質を伝えるため，商品

58

の包装（ラッピング）に工夫が施されるようになった。消費者は
「欲しいものを買う自由」、「選択の自由」をもつものの、「その欲望
は製品を包んでいる包装によって掻き立てられる」ようになった
（p.312）。

7．第7章「世界貿易と工業化の歴史」

　産業革命とは何であったか。イギリスでは「革命」と呼べるよう
な短期間での大きな変化ではなく、「産業化過程（industrializing
process)」であったと主張する歴史家がいる。しかし、イギリス以
外では「最初の産業革命はイギリスで起こった」と主張され続けて
いる。著者のポメランツとトピックは、「工業化とは一般的に、農
業、漁業、林業で働いていた人々が、近代的な工場に吸収され、機
械を動かしてモノを加工する賃労働者へと変わっていくプロセス、
と定義できるかもしれない」（p.335）とした。そして、「燃料を利
用してテンポよく均一の製品をつくる工房」が見られるのがその特
徴になる、としたうえで、彼らは、「近代工場のプロトタイプは中
南米の砂糖工場だった」と主張する（p.335）。

　もちろん、イギリスの綿織物産業の発展についても語っていて、
次の指摘は非常に興味深い。「19世紀になってから自由貿易体制の
頂点に君臨したイギリスであるが、17−18世紀に自国の繊維産業を
保護するため、インド製品の輸入に対して約100% の関税を課して
いた。イギリスがこうした保護関税を撤廃したのは、世界で最も効
率的な繊維製品の生産国になってからである」（p.341）。そして、
イギリスは綿花供給を輸入に頼っており、イギリスの工業化には貿
易が実に重要な役割を果たしたのであった（p.337）。

　著者たちは、技術と技術移転、特許に注目した。「初期の工業技
術は、職人技のような要素を多分に含み、機械の部品一つ一つが埋

め込まれているかの如く，人々の体に染みついたもので」，技術移転は思うように進まなかったとした（p.344）。この点は，明治期の日本の経験と呼応している。輸入された機械を使いこなすことは容易ではなかったのである。しかし，工業化が進むほどに，技術や機械は，同じ専門用語を共有する人々によってデザインされるようになる。それとともに，製造機械も改良され，「新しい技術が，機械自体に含まれるようになっていく」（p.345）。そして，そうした新しい技術は特許申請を通じて明文化されてゆく。「明文化された特許は一種の情報であり，それを保持したり，伝えたり，または，知的所有権として利用できるようになった」（pp.347-348）。

インドの工業化が緩慢であったのに対して，日本の工業化が第一次大戦中に速度を上げたことが指摘され，その原因をそれぞれ技術者の不在と存在に求めている。日本政府は国防の基盤となる製鉄所や製鋼所の運営に関与し，機械工，整備士，技術者等を育成してきた。第一次大戦中，日本の（民間）繊維工業はフル回転で稼働していたが，取替え部品や機械を十分に輸入できなくなり，国営大企業（製鉄所・製鋼所）で育成された技術者たちが紡績機や製織機の製造にあたったとされる。それに対して，植民地支配下のインドではイギリスの投資により，鉄道・繊維工場が建設され，石炭をイギリスから輸入していた。インドでは，技術者が不在のままであったので，日本のようにチャンスを活かすことができなかったと分析した（p.348）。この頃の日本は，自前の石炭を使っていたことも指摘されてよかったであろう。

日本の絹・絹製品の輸出についても言及されている。日本の養蚕業（や茶栽培）は，「農産物や一次産品の輸出を伸ばすことが工業化に結び付いたケース」として捉えられた（p.341）。そして日本では，独自の技術改良により養蚕環境を改善して，稲作と養蚕を両立させた，つまり，蚕の飼育箱を温めて繭を早めに作らせて，稲作の

繁忙期以外に蚕糸作業をしたことが注目されている。「日本の農家の勤勉な労働と独自の創意工夫」(p.375) が（食料供給の）稲作と養蚕の両立を可能にしたと絶賛されている。日本では，産業革命 (industrial revolution) の前に，勤勉革命 (industrious revolution) が起こっていたとする速水融の主張が意識された。

8．大転換

ポメランツとトピックの『グローバル経済の誕生』では，カール・ポラニーの『大転換』(1944年初版，1957年新版，2001年新々版) について時折言及がある。批判的な叙述が散見されるが，ヨーロッパの国際金融については『大転換』が参考になる。ポラニーはハンガリー系社会科学者で，ヨーロッパと北米で活躍した。彼は1947-53年に米コロンビア大学で教鞭を執った。

20世紀の終わり，ポラニーの『大転換』は，20世紀に出版された社会科学書の中で，21世紀に伝えたい書物はどれかが話題になったとき，ヨーロッパや北米の経済学者や社会科学者によって第1位に押された。日本語訳は1975年に吉沢英成・野口建彦・長尾史郎・杉村芳美によって，2009年に改訂訳が野口建彦・栖原学によって出された（以下はこの邦訳の頁を記す）。

ポラニーは，ヨーロッパ主要都市でロスチャイルド (Rothschild) 家等が果たした役割に十分注目していた。

ポラニーはヨーロッパにおいて，平和な19世紀 (1815-1914年) に，各国で産業革命（工業化）が大きな変化（大転換）を引き起こし，国際金（銀）本位制が確立され，国際貿易が拡大して経済社会が変化する様子を描き出した。かくして市場経済が「勃興」して一旦は「崩壊」したと捉えたのである。

19世紀文明は，4つの制度——バランス・オブ・パワー・システ

第4章　西洋の歴史観—— 61

ム，国際金本位制，自己調整的市場，自由主義的国家——によって
成立していたとする。国際貿易も視野に入り，高級金融（haute fi-
nance，ホイテ・ファイナンス）と呼ばれる民間大銀行家による国
際金融業が注目されている。当時の haute finance による国際金融
業務は「世界の政治的な組織と経済的な組織の間の主要リンクとし
て機能した，独特な制度」と捉えられた（p.15）。「この国際銀行業
は，人類の歴史がこれまでにつくりだしたもっとも複雑な一つの制
度の核」であるとされ，ロスチャイルド（「ロートシルト」，「ロ
チ」とも発音される）家が注目された。ロスチャイルド家はどの政
府に従属することなく，ヨーロッパの主要都市間を結んで国境を越
える金融取引業務に携わっていた（p.16）。第2次大戦（1939-45
年）後と比較すれば，国際連合も国際通貨基金（IMF）も存在しな
い時代であった。

　貿易と国際金融を結ぶ記述が興味深い。「貿易は平和と結びつく
ようになった」（p.22）。「貿易はすでに，全面戦争になれば機能し
えない国際通貨システムに依存するようになった」，「平和は国際金
融の力で確保されたが，国際金融の存在それ自体が，貿易の平和へ
の依存という新しい原理を体現するものであった」（p.23）。国際金
本位制は民間大銀行家によって支えられていた。

　第一次大戦（1914-18年）により国際金本位制は停止した。終戦
後，すぐに復帰できたアメリカ以外の国々は，国際金本位制への復
帰を目指して努力した。新設の国際連盟が，主権国家間で平和を確
保し，障害のない通商を実現するために，各国の中央銀行を通じて
の協力を提唱しつつ，金本位制を復活させるべく努力した。ヨー
ロッパの人々も，N.M.ロスチャイルドに代わって，アメリカの
J.P.モルガンに代表される国際銀行家たちに依存するようになって
いた。ロン・チャーナウの『モルガン家』（1990年，青木榮一訳，
日経ビジネス文庫）によれば，イングランド銀行，ニューヨーク連

邦準備銀行，モルガン商会の3者によって戦間期の国際金融が統治されていた。世界大不況発生後，アメリカで金融業に対する規制が厳しくなり，状況が変わることになる。

第 5 章
グローバル化への対応

　19世紀から20世紀初めにかけて，人々は知的好奇心や経済的機会にひかれて自由に国境を越えて移動していたが，異なる文化・伝統をもつ人どうしが理解し合う努力を怠ったときトラブルも発生した。人種差別や民族間対立，天然資源争奪をめぐってなど，2回にわたる世界戦争（1914-18年，1939-45年）が起こり，多くの人々が巻き込まれた。

1．国際機関の誕生

　イギリスで最初に「産業革命」が起こり，イギリス製品の世界中への輸出によって，世界各地の伝統的手工業は衰退し，世の中は「変化」や「変動」によって特徴づけられるようになった。大陸横断鉄道・大西洋航路など交通・通信手段の発達は，以前より多くの人々の国際的な移動を可能にし，若者の留学（特にドイツやイギリスへ）や研究者の交流（パリやウィーン，ロンドンで）の機会をふやした。好奇心や経済情報に導かれる冒険家や商人たちの動きが活発になり，経済的機会を求めて出稼ぎや移民として新天地（アメリカ大陸など）で生活を始める人たちもいた。

　K. ポランニーは『大転換』（1944）の中で，「19世紀は，西ヨーロッパ文明の年代記に前代未聞の現象，すなわち平和の100年（1815-1914年）を生み出した。クリミア戦争——これは多かれ少なかれ植民地での事件に過ぎない——を別にすれば，イギリス，フランス，

プロシャ、オーストリア、イタリア、ロシア相互間では，全部でわずか18ヵ月しか戦争が起こらなかった。これに先立つ2世紀について対応する数字をみると，1世紀平均60ないし70年の大戦争があることがわかる」と述べた。しかし，例外とみなされたクリミア戦争では火器が用いられて熾烈な戦争になり，死傷者が続出して，ある国際機関誕生につながった。

1863年，**赤十字**（The Red Cross）が誕生した。**赤新月社**（Red Crescent）と協力して，**赤十字・赤新月社**国際委員会がジュネーブにおかれている。目的は，武器による摩擦や衝突の犠牲者を保護・援助することである。2013年に150周年を迎えてその設立年が同ウェブサイトに記されるようになった（http://www.icrc.org/）。

1874年，**万国郵便連合**（Universal Postal Union）がベルンに設立され，国際郵便業務の発展に貢献してきた。1947年に国連の専門機関となる。世界で2番目に古い国際機関であるとされる（http://www.upu.int/）。ライン川航行委員会（1815年のウィーン会議を基点とする）が，現存する最古の国際機関であるとされる（http://www.ccr-zkr.org/）。自由航行の原理に基づき，関係諸国で共通の規制政策を実施してきた。

1875年，**メートル条約**が設立され，世界の国々が批准してきたので，度量衡（weights and measures）が世界的に標準化された。1mは赤道から子午線をたどって極に至るまでの距離の1/1000万と定義された。

1884年，当時のグリニッジ天文台（経度0地点）での視恒星時を標準にして，世界の時計が調整され始めた（**グリニッジ標準時**）。ただし，地球の自転には毎年数秒のズレが生じ，減速もしているので，1972年1月1日から，セシウム原子の振幅数により算出する協定世界時（UTC）が採用されている。

1883年の**パリ条約**は技術資産の保護をうたい，1886年の**ベルヌ条**

約では芸術家や著述家の資産・権利の保護が加えられた。現在の**世界知的所有権機構**（WIPO, 1967年設立）につながっていく。

　19世紀，多くの国々は**国際金本位制**や**国際銀本位制**を採用し，商品やサービスの輸出・輸入の国際決済のために，金や銀を自由に輸入・輸出することを認めた。国際金融は民間の金融家によって担われていた。

●経済ネットワークの形成と国際競争

　鉄道網や船舶サービスの展開は，石炭・製鉄業などの重工業も発展させ，企業の規模も大型化した。企業活動の規模が大きくなると，個人や仲間の資本にたよるだけではなく，株式会社が普及し決済に加えて預貸業を行う銀行が活躍するようになった。資金の需要と供給を調節するために，債券市場，株式市場が形成され，銀行の支店網は各地に拡がった。19世紀に，規模の経済をもつアメリカやドイツが石炭や鉄鋼の生産量でイギリスを追い越し，アメリカの大陸横断鉄道の完成により，中部穀倉地帯から安い農産物がヨーロッパに運ばれ，農業面でも打撃を与えた。

●国際的金融センターの形成と動揺

　ロンドン，パリ，フランクフルト，ニューヨークなどで，大量の株式や債券が取引きされ始めた。売買される証券は，地元の政府や企業が発行したものだけではなく，途上国もこれらの金融都市で資金を調達した。しかし，当時の金融・決済制度はもろく，突然の株価暴落や金融パニックが時々起こった。

　1907年に，ニューヨークとフランクフルトで株価が暴落し，フランスからアメリカに大量の資金が引き上げられかけ，パリがパニックに巻き込まれる恐れが発生したが，イギリスから資金援助をえてフランスはもちこたえた（図表 5 − 1 参照）。アメリカ一国内の金

図表 5-1 1907年の金融史上の出来事

```
3月14日   ニューヨーク株式市場大暴落
8月7日    ニューヨーク株式市場, 再び大暴落はじまる
10月17日  ドイツ, ハンブルグに金融恐慌発生
10月17日  ニューヨーク, 3度目の株式市場大暴落
  (22日, ニッカーボッカー・トラスト会社の支払停止を皮切りに
   金融恐慌発生)
11月      銀貨の動揺により清国恐慌状態となる
```

出所:『日本金融年表—明治元年〜平成4年—』1993年より抜粋。

融問題が国際的に波及しかけたので, 各国はアメリカとドイツに国内金融制度の改善を要請した。当時は金本位制が多くの国々で採用されていたが, 各国の金融制度は一様ではなかった。歴史的にみると, アメリカにとって, 1907年の金融パニックは1929年と2008年のパニックに次いで深刻なものであった。

1913年, アメリカに, 中央銀行にあたる**連邦準備制度**(Federal Reserve System) が設立された。全国を12に区分して連邦準備銀行を設置した。その所在地は, ボストン, ニューヨーク, フィラデルフィア, クリーブランド, リッチモンド, アトランタ, シカゴ, セントルイス, ミネアポリス, カンザス・シティ, ダラス, サンフランシスコである。ワシントンにある連邦準備制度理事会 (Federal Reserve Board, FRB) が12の連邦準備銀行の管理統括機関である。連邦準備制度はまもなく, 金準備を調整するための金利操作だけではなく, 公開市場操作による国内通貨供給量の調整など積極的な金融政策に乗りだした。

2. 国際連盟の設立と国際金融会議

1914年にオーストリアの皇太子がサラエボで暗殺されたことに端

を発した戦争は，ヨーロッパ諸国——ドイツ，オーストロ－ハンガ
リー，フランス，イタリア，ベルギー，ルクセンブルク，イギリス，
ロシア——だけではなく，アメリカや日本までも巻き込み，最初の
世界大戦となった。世界大戦という異常事態は，各国の対外関係上
および国内向けの諸政策のうえにさまざまな変更と臨時措置をもた
らし，戦争に動員するために経済過程への大胆な介入も経験した。
交戦国も中立国もともに，それまで自由な国際貿易の要とみなされ
ていた国際金本位制から離脱して，国際貿易を国家の管理下におい
た。1917年にはロシアで社会主義革命が起こって，ボルシェビキが
政権をとってソビエト連邦を形成してゆき，1924年には金本位制を
採用した。

　1918年11月に停戦が訪れたとき，世界の経済情勢は戦前とは一変
していた。戦場となったヨーロッパ諸国では，生産性が低下し，特
に消費財生産は著しく減少し，国内および国外の双方に巨額の債務
が累積していた。それに対して，ヨーロッパの中立諸国——ス
ウェーデン，デンマーク，オランダ，スイス，スペイン——や，戦
場から遠く離れていた国々——アメリカ，アルゼンチン，日本——
では，戦時中に輸出が急増したため金や外貨が蓄積されていた。こ
れらの国々は交戦国に対して輸出を増加させただけではなく，交戦
国のかつての輸出先に対しても商品の輸出を増加させていた。

　戦後処理も各国が協調して行われた。1919年のパリのベルサイユ
講和会議の中から，世界初の国際平和機関である**国際連盟**（League
of Nations）や各国の労働条件を改善する**国際労働機関**（Interna-
tional Labor Organization，ILO）が誕生した。講和会議では，敗
戦国ドイツに懲罰を意図した重い賠償金を課すことによって，隣国
フランスがドイツの産業的復興を妨げようとした。

　ジャーナリスト**石橋湛山**は社説「禍根を蔵せる講和条約」『週刊
東洋経済新報』（1919年5月25日，6月5日と15日の諸号）の社説

において講和条約がはらむ問題を指摘した——「連合国自身は，問題の一切を挙げて，之を国際連盟規約に託し，将来の解決に待った。国際連盟の清き思想の流れはここに来て濁流の流れ飲み込むことを禁じ得なんだ。ドイツを出来る限り立ち得なくする，この際出来る限り自国の利益を図って置く，賠償の一点において最も露骨に現れたかような濁った思想が，国際連盟の思想と合した。そして自己には実行を難しとせる条件を，正義人道の名の下に容赦なくドイツには強いた」（現代語に近づけた）。

　イギリス代表団の一員であった J.M. ケインズも，ドイツに対する賠償が厳しすぎると反対したが無力であった。ケインズは会議終了前後に帰国するや，『平和の経済的帰結』を書き下ろして1919年末に出版した。彼は懲罰的賠償でドイツの工業を破壊するよりも，戦禍で荒廃したヨーロッパ全体の再興を目指すべきであると主張した。実際，ドイツに課せられた賠償金は重すぎたので，条約改定が図られたが，結果的に２回目の世界戦争の種となった。パリ講和会議には日本代表団も参加し，西園寺公望を全権大使として，森賢吾や高橋是清たちがパリに滞在した。

● グローバル・コンセンサス

　停戦後すぐに国際金本位制に復帰できたのは，アメリカだけであった。1920年９—10月には，国際連盟のもと，国際金融会議がブリュッセルで２週間にわたって開催された。日本を含む39ヶ国から，86人の専門家——本国政府の政策に関与しない立場をとることになっていた——が招集された。日本からの出席者は，森賢吾（大蔵省），大久保利賢（横浜正金銀行），矢田七太郎（在ロンドン総領事）であった。各国の専門家たちは，当時の金融危機について議論し，通貨，為替，金融の諸問題について解決策を議論した。彼らは個人の資格で専門的意見を交換し，項目ごとに全員一致の決議案を

提出した。

1. 各国政府は健全財政主義を貫くべきである。つまり，政府の歳出は歳入内に抑えるべきである。
2. 中央銀行は政治的圧迫から解放されるべきである（中央銀行の独立性）。
3. 信用調節のため金利を引き上げるべきである。
4. 国際通商の自由が確保されるべきである。
5. 有効な金本位制に復帰することを切望する。ただしその場合必ずしも旧平価［第一次大戦前の為替相場］で復帰する必要はない。
6. 中央発券銀行の存在しない国は，それを設立すべきである。
7. 為替の変動を人為的に抑制しようとすることは有害無益である。
8. 輸入決済のための借入れを希望する国を援助するため，国際機関を設立すべきである。
9. 国際的な決済機関を設立することが望ましい。

日本銀行の深井英五は，これらの決議が抽象的で穏やかで平凡なものであると認めていた。それにもかかわらず，彼は，決議がいくら平凡であったとしても，さまざまな国々から集まった専門家たちが一同に会して専門的意見を交換してある種の同意に到達したということが重要である，と感じていた（『日本銀行百年史』第3巻，p.128）。つまり，当時のグローバル・コンセンサスが確認されたのである（池尾『日本の経済学』第2章）。

　第9点については，ドイツからの賠償金の分配のため1930年に設立された国際決済銀行（Bank for International Settlement, BIS）がある程度カバーすることになるが，専門機関としては1945年の国

際通貨基金（IMF）の設立を待つことになる。BISはといえば，第二次大戦後に一旦廃止が決まるが，アメリカからの復興援助マーシャル・プランをヨーロッパ全体で受け入れる際の金融機関として存続することになり，各国の中央銀行間の協力の場として機能するようになる。矢後和彦の『国際決済銀行の20世紀』（蒼天社出版，2010年）が詳しい。

●アメリカの繁栄と軍縮

1920年代は国際会議の時代といわれたが，アメリカ政府は，国際交渉の場でヨーロッパの代表たちが感情的に対立したことに嫌気がさし，また国内議会の中立志向により，軍縮問題以外の国際会議からは遠ざかった。軍備の拡張には必ず増税が伴うので，軍備縮小は納税者の心をつかむために必要な合意であった。1922年のワシントン軍縮会議では，海軍・陸軍の縮小が合意された。第一次大戦後，ヨーロッパの再建が大きな課題となる一方で，1920年代のアメリカは「新時代」（new era）と呼ばれる経済的繁栄を謳歌し，電化が進み消費生活も向上した。モータリゼーションも進んで自動車産業がのび，ビッグビジネスが台頭した。アメリカでは標準生産，経営の合理化が進んだ。

3．貿易戦争から再び世界戦争へ

1929年10月以来，ウォール街の株価が暴落して，アメリカ経済に徐々に影響が現れ，景気は低迷した。32年，アメリカでは大統領選挙の年で，景気対策は後回しにされた。29-36年に，各国は金本位制から離脱し，為替や貿易に対してさまざまな政策をとった。ドイツは割高の平価を維持して，輸入割当を実施した。フランスでは割安の平価を維持したため，経常黒字が続いていた。アメリカで多く

第5章　グローバル化への対応—— 71

の会社が倒産し，農業労働者は自分たちの作った作物が売れないために賃金が支払われず，その結果，目の前にある食料（農作物）を買えないという矛盾に直面した（スタインベック『怒りの葡萄』）。そして，多くの銀行は貸与した資金が返済されず不良債権を抱え，資金繰り難に陥ってついには取付騒ぎが起こり破綻した。ヨーロッパでは，31年にオーストリアの銀行クレジット・アンシュタルトの経営問題が表面化した後，政治的対立が経済危機を悪化させた。ヨーロッパでは39年の第二次大戦の始まりにつながってゆく。

コラム 1　　世界大不況の諸原因
COLUMN

　考えてみよう。ドイツが賠償金を払えなければ，どうなるか。オーストリアや隣国の銀行が経営問題を抱えている時に，それらの国々の周辺国が資金を引き揚げようとすると，どうなるか。ライアカット・アハメド『世界恐慌：経済を破綻させた4人の中央銀行総裁』（2010年，吉田利子訳，筑摩書房，2013年）が参考になる。

　日本は1923年の関東大震災，27年の金融恐慌を経て，30年1月11日に浜口雄幸首相・井上準之助蔵相が高めの旧平価での金輸出解禁を実施して国際金本位制に復帰した。日本経済は未曾有の不況と貿易赤字を被り，株価も物価も急落した。31年12月に犬養毅首相・高橋是清蔵相が金本位制を放棄した。すると，2年かけて円がほぼ半減し貿易赤字が減少した。繊維製品市場でイギリスとの**貿易戦争**が悪化し，33年にイギリスは日印通商条約を破棄して，ブロック経済を形成した。イギリスからは特にダンピング批判を受けた。石橋湛山は34年に英文誌『オリエンタル・エコノミスト』（*The Oriental Economist*）を創刊して，英語で正確な経済・金融情報を発信することによって反論を展開した。37年には日中戦争が，41年には日本

と，アメリカ，イギリス，オランダ，東南アジアとの間で，アジア太平洋戦争が始まった。

　国際連盟は『統計月報』を発行していた。1934年2月号には，29年から33年途中まで世界の主要21ヶ国の貿易高合計が減少してゆくことを示すグラフが掲載された。1975年，C.P.キンドルバーガーは『大不況下の世界：1929-1939』（石崎昭彦・木村一朗訳，東京大学出版会）に，当時の月データを使って75ヶ国の総輸入額が螺旋状に収縮してゆくグラフを載せた。本書では彼のデータを単純なグラフにしておく（図表5-2）。

図表5-2　世界貿易の収縮　1929年1月～1933年3月

出所：キンドルバーガー『大不況下の世界：1929-1939』。

　このグラフで表現されるような経済収縮（世界貿易が4年間で1/3になる）の再発防止が，第二次大戦後の世界での共通課題となった。

> **練習問題**
>   1930年代初頭，各国は自国の景気を回復させるために，輸入を制限
> しながら輸出を伸ばそうとした。これはなぜうまくいかなかったのか。
> ヒント：世界全体の貿易収支は理論的にいくらか。

4．国際労働機関（ILO）

　ILO は既述のように，ベルサイユ講和会議で国際労働立法委員会
が設立されて憲章が起草され，1919年に誕生した。ILO は創設以来，
労働者・被用者，使用者（企業と個人の両方を含む），政府・担当
省の３者の代表たちが知識や経験を交換する国際フォーラムを提供
し，世界や地域の変化の過程を分析しては，状況に応じた政策勧告
を積極的に行ってきた。設立当時，国際貿易が再興しつつある中，
一部の産業で労働条件が劣悪になっていた。輸出が絡んだ産業での
労働条件の改善は，各国が足並みをそろえて国内政策を調整しなけ
れば実現しない。

　第二次大戦後，フィラデルフィア宣言によって，ILO の基本目標
と基本原則を拡大して再確認し，ILO は新設の国際連合と最初の協
定を結んだ専門機関となって存続した。現在では，ILO および ILO
駐日事務所がウェブサイト（http://www.ilo.org）を構築して，憲
章など基本情報や活動状況を紹介し，「ILO と日本」の略史や英語
の『ILO90年史』も掲載している。ILO 憲章前文冒頭にある「世界
の永続する平和は，**社会正義**（social justice）を基礎としてのみ確
立することができる」が現在でも強調されている。

　1999年の総会で，「ディーセント・ワーク（Decent Work）」（働
きがいのある人間らしい仕事）という概念が提示された。これは，

失業と就業という単純な2分類を脱して、雇用の質に注目しようとする提案である。この概念は定着して、ILOは、「ディーセント・ワークをすべての人に」を21世紀の優先目標として掲げ、雇用の量と質の問題に取り組んでいる。そして2016-30年の持続可能な開発目標SDG17の中で、SDG8に「働きがいも、経済成長も（Decent Work and Economic Growth）」、「包摂的かつ持続可能な経済成長及びすべての人々の完全かつ生産的な雇用と働きがいのある人間らしい雇用（ディーセント・ワーク）を促進する」と盛り込まれた。

ILOは「フレクシ−キュリティ（Flex-curity）」の概念にも注目している。これは労働市場の弾力性（フレクシビリティ）と労働者のセキュリティ（安全・安定）をかけたもので、1990年代、デンマークやオランダで用いられるようになった。労働者にとってのセキュリティは、雇用と所得の組合せと捉えられ、雇用は流動的であっても、手厚い所得保障（失業保険の充実）ならびに教育・訓練への集中的な公的投資があればよい、とされる。これは、高福祉と高負担を組み合わせるヨーロッパ・モデルの1つであるといえるが、背景には、働き方の多様化、専門職の流動性志向の高まり、グローバル競争の下での雇用情勢の悪化などがある。

●日本とILO

日本はILO原加盟国であったが、1940-51年には脱退していた。

日本の批准条約はILO駐日事務所のウェブサイトに掲載されている（http://www.ilo.org/tokyo/）。個々の条約の批准の背景には、正義感のほか、技術進歩を体化した新しい機械の導入もあったであろう。さらなる技術進歩と時代の流れとともに、かつての条約が撤廃されることもある。

明治・大正期の天野為之は経済倫理の大切さを熱心に説いており、児童労働について憂慮していた。1919年以降、被用者の最低年齢の

引上げは，経営者の倫理だけではなく，社会正義にもうったえて，ILO の関連条約の批准と履行を促すことになったといえる。ILO は国連グローバル・コンパクトの協力機関であり，国際貿易機関（WTO）とも連携している。

第 6 章
国際連合（UN）

　国際連合（国連，The United Nations，UN）も経済発展や経済問題に関心を寄せてきた。1960年代には経済発展・開発に関する国際会議を開催し，またガリ国連事務総長が1999年に提案して翌2000年実現したグローバル・コンパクトを例としてみるとわかりやすい。国連傘下に経済発展・開発（development）を専門とする機関があり，その中でも世界銀行，国連開発計画（UNDP）はよく知られているであろう。国連貿易開発会議（UNCTAD）になると知名度は低そうであるが，国連とともに多国籍企業研究を担い，実現はしなかったものの多国籍企業の「行動規範」（Code of Conduct）をめぐる議論を進展させ，グローバル・コンパクトの実現には大きく貢献してきたのである。

　国連のウェブサイト（http://www.un.org/）は20世紀末に開設され，国連憲章だけではなく，過去の総会・安全保障理事会等の決議もウェブに掲載されて，図書館や資料書庫に足を運ぶことなく，アクセス可能になった。日本語の国際連合広報センターのウェブサイト（http://www.unic.or.jp/）が開設されたのは，21世紀になってからと思われる。

1．国際連合の目的と機構

　国連の目的は，同憲章第 1 条に記されている。

第6章　国際連合（UN）── 77

1．国際の平和及び安全を維持すること。そのために，平和に対する脅威の防止及び除去と侵略行為その他の平和の破壊の鎮圧とのため有効な集団的措置をとること並びに平和を破壊するに至る虞のある国際的の紛争又は事態の調整または解決を平和的手段によって且つ正義及び国際法の原則に従って実現すること。
2．人民の同権及び自決の原則の尊重に基礎をおく諸国間の友好関係を発展させること並びに世界平和を強化するために他の適当な措置をとること。
3．経済的，社会的，文化的または人道的性質を有する国際問題を解決することについて，並びに人種，性，言語または宗教による差別なくすべての者のために人権及び基本的自由を尊重するように助長奨励することについて，国際協力を達成すること。
4．これらの共通の目的の達成に当たって諸国の行動を調和するための中心となること。

●国連の機構と機関

国連本体は，総会，安全保障理事会，経済社会理事会，信託統治理事会，国際司法裁判所および事務局の6つの主要機関からなる。オランダのハーグにある国際司法裁判所を除き，すべての主要機関はニューヨークの国連本部を拠点とする。

さらに，国連の計画および基金をみると，国連児童基金（UNICEF），国連開発計画（UNDP），国連難民高等弁務官事務所（UNHCR）などがあり，開発，人道援助および人権のための活動を行っている。

国連の専門機関には，国際労働機関（ILO），万国郵便連合（UPU），国連食糧農業機関（FAO），国際電気通信連合（ITU），国連教育科学文化機関（UNESCO），世界気象機関（WMO），世界保健機関（WHO），国際海事機関（IMO），世界銀行グループ，世界知的所有権機関（WIPO），国際通貨基金（IMF），国際農業開発基金

（IFAD），国際民間航空機関（ICAO），国連工業開発機関（UNI-DO），国際原子力機関（IAEA）（国連傘下の自治機関）がある。

国連機関はきわめて多数に及び，国連組織一覧（The Official Web Site Locater for United Nations System of Organizations, http://www.unsystem.org/）のページが役に立つ。

●安全保障理事会

安全保障理事会は，国連の中で，国際の平和と安全の維持に第一の責任を有する機関である。安保理はほとんど継続的に会合を開き，紛争が発生するたびに対応を図っている。国連憲章の下，安保理の決定は法的拘束力を有し，加盟国はその実施を義務づけられる。安保理は15ヶ国から構成される。最近の理事国リストは国連ウェブサイトにある（http://www.un.org/en/sc/members/）。常任理事国は，中国，フランス，ロシア連邦，イギリス，アメリカ合衆国で，「拒否権」をもつ。

●事務総長

事務総長は国連の最高幹部かつ事務の統括者であり，国際社会での調停者・平和創造者として活動する（事務総長の中立性）。事務総長の主要責任事項の１つとして，国際の平和と安全を脅かす問題が生じた場合，安全保障理事会の注意を喚起することがある。事務総長は安全保障理事会の勧告により総会が５年の任期で任命する。これまでの事務総長は次のとおりである。

1946～1952年　トリグブ・リー（ノルウェー）
1953～1961年　ダグ・ハマーショルド（スウェーデン）
1961～1971年　ウ・タント（ビルマ，現ミャンマー）
1972～1981年　クルト・ワルトハイム（オーストリア）

1982〜1991年　ハビエル・ペレス・デクエヤル（ペルー）
1992〜1996年　ブトロス・ブトロス＝ガリ（エジプト）
1997〜2006年　コフィー・アナン（ガーナ）
2007〜2016年　パン・ギムン（潘基文，韓国）
2017年〜　　　アントニオ・グテーレス（ポルトガル）

　ウ・タントや潘基文が事務総長に就任する少し前に，アジア極東
経済委員会（ECAFE）やアジア太平洋経済社会委員会（ESCAP）
の統括官をそれぞれビルマ人，韓国人が務めていたことが注目され
る。地域の支持を得て，国連事務総長の任についたといえる。
　事務総長は，しばしば，加盟国間の紛争で「レフェリー」の役を
務めることがある。事務総長の仲介によって，安全保障理事会ある
いは総会の討議を待たずに，または，大きな紛争へと発展する前に，
問題が解決できることもある。事実確認（fact-finding）も国連の大
きな任務である。事務総長の「毎日の動き」は「国連ニュースセン
ター」のウェブサイトで紹介されるようになっている。

●国連地域委員会
　国連には地域委員会が配置され，それぞれの地域の経済開発を促
進する措置を発議し，域内諸国間の経済関係を強化することを任務
とする。地域委員会は経済社会理事会に報告し，その事務局は事務
総長の権限のもとに置かれている。
　現在は，アフリカ経済委員会（ECA，1958年設置），ヨーロッパ
経済委員会（ECE，1947年設置），ラテンアメリカ・カリブ経済委
員会（ECLAC，1948年設置），アジア太平洋経済社会委員会（ES-
CAP，1947年設置），西アジア経済社会委員会（ESCWA，1973年
設置）の5つの地域委員会がある。国連加盟国は少なくとも1つの
地域委員会に参加しているようである。

ESCAP（Economic and Social Commission for Asia and the Pacific）を少し詳しくみると，1947年3月の第4回経済社会理事会の決議により，その下部機構の1つとして，国連アジア極東経済委員会（Economic Commission for Asia and Far East, ECAFE, エカフェ）が上海に設置された。1949年初頭に ECAFE はタイのバンコクに移転して現在に至る。加盟国は当初，東・南アジア諸国が中心であったが，のちに太平洋地域諸国の加盟が増加したこと，社会開発の重要性に対する認識が深まったことなどを反映して，1974年8月に現在の ESCAP に改組された。ECAFE, ESCAP の活動目的は，経済・社会問題の解決を図る上で域内諸国を支援することにより，域内加盟諸国に奉仕することであるとされてきた。農業開発，農業機械とエンジニアリング，統計，技術移転の4つのテーマに熱心に取り組んできた歴史があるといえ，これらに関する地域調査訓練研修所が運営されている。この地域の非農業部門での技術移転には，民間企業の海外直接投資（FDI），FDI による技術移転を期待する受入国の政府の政策，地元企業，ECAFE など国連機関の助言や調整がかなりの役割を果たしてきたといえる（第17章参照）。

● 国連アーカイブ（http://www.un.org/）

国連ウェブサイトから，関心の高そうな総会決議を拾ってみよう。

1971年10月25日の総会決議2758（XXVI）は，「中華人民共和国の国連における合法的権利の回復」（Restoration of the lawful rights of the People's Republic of China in the United Nations）である。

1991年9月17日の総会決議46/1 は，「朝鮮民主主義人民共和国と大韓民国の国連加盟の承認」であった。1991年末のソビエト連邦解体を受けて，1992年3月2日の総会決議46/224−6では，カザフスタン，キルギスタン，ウズベキスタンの国連加盟が承認された。

第6章　国際連合（UN）── 81

　国連広報センターのウェブサイト（http://www.unic.or.jp/）に国連憲章，事務総長の日々の活動が日本語で紹介されるようになって，国連が身近なものになったかもしれない。

　国連の「イメージと現実」として，「国連は世界政府ではありませんし，そのように意図されたこともありません。独立主権国家で構成される組織として，国連は加盟国が権能を与えたことだけを実行します。国連は加盟国の道具なのです。国連はその功績を認められ，ノーベル平和賞を7度受賞しています」との説明が，2007年まで掲載されていた。

2．グローバル・コンパクト

　国連「グローバル・コンパクト」（UNGC）は，1999年1月31日にダボスで開かれた世界経済フォーラムの席上，コフィー・アナン事務総長が世界の経営リーダーに向かって提唱したイニシアティブである。経営リーダーに，国連機関，労働，市民社会と共に，人権，労働，環境の分野における（GC）9原則（現在10原則）を支持し，GCへの参加を促した。GCは翌2000年7月26日にニューヨークの国連本部で正式に発足した。2004年6月24日に開催された最初のGCリーダーズ・サミットにおいて，腐敗防止に関する第10原則の追加が確認された。

　GCは民間企業に責任ある企業市民として行動することを求め，他の社会的主体との組織的な活動によってグローバル化に伴う諸問題に対する解決への取組みの一翼を担うことを狙う。2016年5月15日時点では，8,610の企業，163ヶ国が参加している。

　GCの目的は「世界中のビジネス活動に10原則を組み入れる」，「国連の目標を支持する行動に対して触媒の役目をする」の2つである。GCはGC事務所と5つの国連機関─人権高等弁務官事務所

82

（OHCHR），国連環境計画（UNEP），国際労働機関（ILO），国連開発計画（UNDP），国連工業開発機関（UNIDO）を中心とするネットワークからなる（http://www.unic.or.jp/globalcomp/glo_01.htm）。

人　　権　原則1．企業はその影響の及ぶ範囲内で国際的に宣言されている人権の擁護を支持し，尊重する。
　　　　　原則2．人権侵害に加担しない。
労　　働　原則3．組合結成の自由と団体交渉の権利を実効あるものにする。
　　　　　原則4．あらゆる形態の強制労働を排除する。
　　　　　原則5．児童労働を実効的に廃止する。
　　　　　原則6．雇用と職業に関する差別を撤廃する。
環　　境　原則7．環境問題の予防的なアプローチを支持する。
　　　　　原則8．環境に関して一層の責任を担うためのイニシアティブをとる。
　　　　　原則9．環境にやさしい技術の開発と普及を促進する。
腐敗防止　原則10．強要と賄賂を含むあらゆる形態の腐敗を防止するために取り組む。

　GCはもちろん，企業の社会的責任（Corporate Social Responsibility）と重なり合っている。企業経営者たちがまず社会的責任を自覚し，従業員たちにも自覚を促していくことが必要なのである。GCはグローバルに活躍する企業経営者やビジネスパーソンたちに社会的責任の自覚を促し，率先してGCに掲げられた原則を守ることを期待するのである。

3. 国連と越境企業研究

　グローバル・コンパクトが提案されるまでに，国連越境企業センター（UNCTC）と国連貿易開発会議（UNCTAD）において，越境企業研究が進められていたことに注目しておこう。

　歴史を振り返れば，越境企業あるいは多国籍企業の例として，イギリスとオランダの東インド会社（設立は1600年と1602年）を挙げることができる。両者はイギリス，オランダに本部をおき，世界に貿易のネットワークを展開していたのである。それに対して，途上国での現地生産や技術移転に関連する越境企業の役割についての組織的研究は比較的新しく，ブラジルとコロンビアの共同提案による国連での決議の結果として1961年に開始されたのである。この２国だけではなく，ラテンアメリカ諸国は，越境企業の独占力と「不完全な技術市場」についての不満を共有していた。

　それ以来，越境企業の海外直接投資（FDI）とその特徴について夥しい研究が国連傘下の諸機関で繰り広げられた。日本でも国際経済学者と経営学者が協力していた。国連の越境企業シリーズも編まれており，第18巻のチェン（Edward K. Y. Chen）編集による『国際ビジネスと世界経済』（*International Business and the World Economy*）は，経済学や途上国からみて問題を理解するのに役立つ諸論文が集められている。

　サガフィーネジャド（Tagi Sagafi-Nejad）の『国連と越境企業』（*The UN and Transnational Corporations*, Indiana University Press, 2008）は，膨大な越境企業研究の歴史的展開とともに利害関係者たちの意見も丁寧に追っていて，優れた参考図書になっている。同書には，イギリスの経営学者ダニング（John H. Dunning）が協力し，アメリカのパールミュッター（Howard V. Perlmutter）が

序文を寄せている。そして越境企業，技術移転，ホスト国（FDI受入国），ホーム国（越境企業の出身国）についての実りある議論が盛り込まれた。

国連経済社会委員会の1972年の決議 1721（LIII）により，賢人グループ（The Group of Eminent Persons，GEP）が組まれ，当時のワルトハイム国連事務総長が20人の個人を任命した。公的部門から9人，学術界から6人，公的・私的企業から5人という構成で，日本からは小宮隆太郎が学術界出身の1人として参加した。GEPが越境企業と途上国の双方から聞き取りをした結果，多くのホスト国は自国の経済発展のために海外の技術と資本を必要とする一方，国内向けの外国投資から便益を得ながら，そのマイナスの効果を最小限にとどめたいと考えていることがわかった。

換言すれば，1950–70年代に南北問題と呼ばれていたものは，「南」の途上国の市民と「北」の越境企業の間の摩擦に起因する問題であった。経済的機会を見出して自由に活動したい越境企業と，国内へのさまざまな悪影響を最小化して流入するFDIから恩恵を引き出したい受入国の思惑が交錯していた。越境企業のFDIはホストの途上国に深刻な影響を及ぼしうる一方で，その経済の発展・成長にも貢献しうるのである。もっとも1960–70年代には，FDIに対する各国の見方が大きく異なっており，FDI受入れを歓迎した国々として，イギリスと東南アジア諸国の一部が挙げられている。

GEPの報告と助言により，国連越境企業センター（UN Centre on Transnational Corporations，UNCTC）と国連越境企業委員会が設けられ，両者とも研究と聴き取り調査の両方の実施を継続した。対立する双方が互いの主張に耳を傾けて納得しあい，1970年代末から1980年代にかけて，「南北対立」はかなり解消したといえる。双方の思惑について相互理解が進んで双方が慎重に振る舞えば，「プラス・サム・ゲーム」にすることができるのである。こうした考察

と経験が，国連グローバル・コンパクトの提案につながり，国際的に活躍する経営リーダーを巻き込むことになったのである。

ただし，サガフィーネジャドは新興国の経済成長がグローバル化をもたらしてきたことを示唆する。成長する東アジアについてだけ新興経済と言い換えられることになるが，香港，台湾，韓国の企業が，情報通信革命の基盤の１つとなる半導体の生産・輸出を増加させて世界から注目されるようになったことが興味深い。まもなくこれらの国の企業も FDI を展開するようになる。中国が1979年の改革開放後，外国の資本と技術にも扉を開け，UNCTC に技術的助言を受けていたことも興味深い。「知識，能力構築，政策分析」など，重要な論点や事実は三度以上は繰り返されている。

東南アジアのケースがあまりに少ないので，第17章で少し詳しくみることにしよう。

４．国際連合と日本

日本国憲法と国連憲章の関係も興味深い。日本国憲法に関するインターネット上の情報が充実している。第１に，国立国会図書館のウェブサイトに，電子展示会「日本国憲法の誕生」が構築され，改訂も施されて充実してきている（http://www.ndl.go.jp/constitution/）。日本国憲法の制定過程に関する概説として，戦争の終結から，連合国最高司令官総司令部（SCAP／GHQ）の草案，帝国議会での審議，憲法の施行までがたどられている。そして，GHQ 原案の一部，吉田・マッカーサー書簡など，102点の資料が掲載されている。「国民主権と天皇制」，「戦争放棄」，「基本的人権」，「新しい二院制議会」，「違憲審査制」，「地方自治」という論点も過去と現在を結ぶ上で役に立つであろう。

第２に既述のように，日本語の国際連合広報センターのウェブサ

イトがあり，「国連の活動」をクリックすれば，基礎知識・基礎資料にあたるものにアクセスすることができる。国連憲章の第6章「紛争の平和的解決」，第7章「平和に対する脅威，平和の破壊及び侵略行為に関する行動」を読んでみることを勧めたい。第42条は，安全保障理事会が兵力の使用を伴わない措置では不十分なことが判明したと認めるときは，国際の平和および安全の維持または回復に必要な空軍，海軍または陸軍の行動をとることができると定めている。第8章「地域的取極」の第53条にいわゆる敵国条項が含まれている。

　「敵国という語は，第二次世界大戦中にこの憲章のいずれかの署名国の敵国であった国に適用される」とある。

　1990年代，日本がいわゆる「国連中心外交」をとれないことを日本語でわかりやすく解説した人に，イギリス人の日本研究家ロナルド・ドーアがいる。当時，『「ノー」と言える日本：新日米関係の方策』（盛田昭夫・石原慎太郎著，1898年）がブームを呼んでいたので，ドーアは「ノー」と言うだけでは不十分だとして，日本国憲法と国連憲章を対照させる議論を盛り込んだ本に，『「こうしよう」と言える日本』（朝日新聞社，1993年）という題をつけた。彼は1997年には英語版『日本，国際主義，および国連』（*Japan, Internationalism and the UN*, Routledge）を出版したので，こうした論点は海外の日本研究者にはよく知られているはずである。

　最近は，留学や交換留学が以前にまして奨励されている。欧州連合（EU）の学生交流制度による交換留学生の増加は，EU域外の大学・大学院の動向にも相当の余波を与えている。学生たちが「英語での授業」を行う大学に惹かれる傾向があるため，英語を母語としない国でも「英語での授業」を増やしている。日本人学生が軍隊のある国，徴兵制度のある国に留学する一方で，そうした国から日本に留学してくる若者がいる。日本国憲法を議論する際，こうした

グローバル化の進行に無頓着であってはならないであろう。

　2007年1月に，防衛庁が防衛省に改組され，非伝統的安全保障などについて各国のカウンターパートと協力しやすくなったといえる。「防衛庁・自衛隊」のウェブサイトから「防衛省・自衛隊」のウェブサイトに一新された（http://www.mod.go.jp/）。国防関係条約が掲載されるとともに，「憲法と自衛権」についても解説があるので，留学を予定する人，留学生と接する機会がある人，その他関心のある人には一読して，外国人から尋ねられた時に適切に答えてほしい。

第7章
国際通貨基金（IMF）

　国際貿易と海外投資を進めるためには，安定した通貨制度が必要である。国際機関が存在しない時期，民間の金融家がその任を担っていた。20世紀半ばからは，国際通貨基金（International Monetary Fund, IMF）がその要となった。

1. 国際通貨基金（IMF）誕生

　第二次世界大戦終盤に連合国は，国際金本位制度に代わる，新しい国際通貨制度・国際金融アーキテクチャーの構想を練っていた。イギリスやアメリカでの周到な議論を基にした草案を土台にして，イギリスの経済学者で英大蔵省顧問 J.M. ケインズ，アメリカの財務官僚 D. ホワイトを含めた経済専門職たちが30ヶ国専門委員会で検討し，「国際通貨基金設置に関する専門家の共同声明」いわゆる IMF 原案が1944年4月に発表された。連合国の経済専門職たちが6月に米アトランティック・シティで，7月にブレトン・ウッズに集って，さらに検討を進めていた。これを基にして，ブレトン・ウッズ機関とも呼ばれるようになる IMF と世界銀行が設立され，金にリンクした米ドルを基軸通貨とする固定相場制（Par Value System）が成立してゆく。世界銀行の主な機能は加盟途上国への経済成長を目的とした長期の貸付業務であり，IMF への加盟が世界銀行に加盟するための必要条件になっている（ドイツ，イタリア，日本は交戦中の敵国であったので会議には招かれなかった）。

第 7 章　国際通貨基金（IMF）── 89

コラム2　共通通貨と金融ビジネス
COLUMN

　ケインズ，ホワイト提案の原案には，政府間共通通貨を設ける構想が含まれていて，それぞれ「バンコール」，「ユニタス」と呼ばれていた。しかし，経済界からの反対を受けて最終案には盛られなかった模様である。1960年代，トリフィンや，アメリカの経済学者モディリアーニたちから出された IMF 改革提案に，「バンコール」の導入が含まれていたが，後述のように，特別引出権（SDR）創出に落着した。

　欧州共同体（EC）では1980年代，世界における欧州のプレゼンス向上のための戦略が議論され，欧州連合（EU）の設立，そして欧州大陸の加盟国を中心に共通通貨の導入が実施に移された。

　英米と欧州大陸では，通貨や金融に対する捉え方がかなり異なっている。

　英米では金融ビジネスの観点からの考察が重視される傾向にある。「もしあなたが国際展開する銀行に勤めていたとしたら，あるいは，もし商業銀行の国際業務についていたとしたら，国家を超える共通通貨についてどのように臨むか」を考えてみよう。

　ブレトン・ウッズ会議に出席した45ヶ国の代表たちは，1930年代の大不況に寄与した破滅的な経済政策が繰り返されることを避けるために経済協力の枠組みを構築しようとしていた。1945年12月27日に29ヶ国が IMF 原協定に批准し，1947年3月に IMF は業務を開始した。いわゆるブレトン・ウッズ体制（金にリンクした米ドルを基軸通貨とする固定相場制）の成立である。

　IMF 協定は何度か改訂されたが，その第1条「諸目的」は不変である。

① 　国際金融問題における協調を促す常設機関である。

②　国際貿易の拡大と均衡成長を促進し，それによって高い雇用・実質所得水準を達成して維持し，全加盟国の生産的資源を発展させることを，第1の政策目的とする。

③　為替の安定を促進し，加盟国の間での秩序ある為替協定を維持し，為替の競争的減価を回避する。

④　加盟国間の経常取引のために多国間支払いシステムを確立し，世界貿易の成長を妨げる外国為替制限の撤廃を助成する。

⑤　十分な安全装置のもとに IMF の一般資金を加盟国に一時的に融通することにより加盟国に自信を与え，かくして国内の繁栄・国際的繁栄を破壊する手段に頼ることなく，支払い収支の調整不良を矯正する機会を提供する。

⑥　加盟国間の国際収支の不均衡の期間を短くし，不均衡の程度を緩和する。

②と③から明らかなのは，貿易に対する障害を取りのぞき，自由貿易を積極的に推進し経済成長を実現していくことが政治的に選択された。つまり，自由貿易を振興することは，各国経済の相互依存関係を深めて，人々の経済的福祉を増進させるためにとられた政治的選択だったのである。もっとも自由貿易は真空や混沌（カオス）の中で行われるのではなく，それを支える諸制度，ルール，倫理を必要とする。⑤と⑥は，IMF の短期融資により，加盟国が国際収支の不均衡を改善する機会が与えられることを意味する。

1945年12月27日に設立に足る規模数の29ヶ国が IMF 原協定に批准し，1946年に IMF は業務を開始した。このようにして，IMF を中心とする通貨のグローバル・ネットワークが確立された。

IMF の本部も世界銀行の本部もアメリカの首都ワシントンにある。第二次大戦終了時には，アメリカの経済力は他の国々に比べると圧倒的に大きかったので，資金を融通しやすいと考えられたので

あった。このようにして，IMF を軸とする通貨のグローバル・ネットワークが確立された。1947年３月にイタリアが，52年８月に西ドイツと日本が IMF への加入を果たした。IMF の初期の歴史については，伊藤正直・浅井良夫編『戦後 IMF 史』（名古屋大学出版会，2014年）が詳しい。

　2017年２月現在の加盟国は189である。IMF のトップである専務理事はこれまですべてヨーロッパ人である。

２．戦後日本のポジション

　戦後まもなくから，日本政府が積極的に構築しなくてはならなかった国際経済社会とのつながりは，国際通貨制度との連結，賠償支払いや経済協力を通じての友好関係の構築であった。1950-60年代には，日本は経済援助を行う先進国としての側面と，世界銀行から資金を借り入れる途上国としての側面を併せもっていた。

　1949年４月に，１米ドル＝360円という単一の固定為替レートが設定されて，外貨が日本円に自由に交換されるようになった。これにより，当時の復興途上の日本はブレトン・ウッズ体制のネットワークに組み込まれ，より自由な貿易を実現し，外国資本を導入するための重要な最初の一歩を踏みだした。

　1952年４月に占領期間が終了すると，日本は同年８月に IMF と世界銀行に加盟し，翌53年に世界銀行から初の融資をうけた（第８章参照）。日本は1955年９月に貿易と関税に関する一般協定（GATT）に，1956年10月に日ソ国交回復共同宣言・通商航海議定書に調印し，12月に国際連合に加盟した（池尾『日本の経済学』）。

3．グローバル・ネットワークの調整

　1945年頃には，アメリカ合衆国のパワーがずば抜けて大きかったが，ヨーロッパや日本が第二次大戦の混乱から脱出して経済復興し，アジアやアフリカの国々が独立するにつれて，そのパワーは相対的に徐々に小さくなっていった。IMFが設立されたものの，国際通貨制度は完全には安定せず，1960年代にも英ポンド，仏フラン，西独マルクの平価調整が行われた。米ドルと英ポンドの双方が両国の国際収支の赤字を背景に，基軸国際通貨としての役割を果たすことが困難になってきた。

　ベルギー出身のR.トリフィン（米エール大学）は，「特定の国の通貨が国際通貨の役割を果たしているため，当該国以外の国々が外貨準備を増やすためには経常収支の黒字が必要であり，となればアメリカの経常収支は赤字にならざるをえない」と指摘した。これは「トリフィンのジレンマ」と呼ばれるようになる。トリフィンはケインズの政府間通貨「バンコール」構想を再び提案したものの，経済界からの反対を受けた模様である。

　1969年10月のIMF・世界銀行総会では，特別引出権（Special Drawing Right，SDR）を創出し，IMFの準備資産として米ドルを補完することになった。SDRは自由利用可能通貨と交換することができる。当初の1SDRの価値は，純金0.888671グラム（1オンス）に相当する，つまり1米ドルに相当すると決められた。

　同時に，近い将来に固定相場制が廃止された時の1SDRの価値の決め方についての研究も始まった。1969年に経済学者F.モジリアニ（米MIT）らがSDRの研究に携わっており，バスケット通貨（basket currency）のアイディアを生み出した。1SDRの価値を，ウェイト付けした主要国際通貨の価値で定義するのであった。変動

相場（フロート）制下では通貨価値は日々変動するので，SDR の価値も変動する。SDR の価値は，IMF のウェブサイトに毎日公表される。また，アメリカの経済学者たちは，固定相場制度廃止後に登場するであろう変動相場制の姿に関心をもち始めた。経済学者たちは自分たちの研究成果が実際に応用できる機会を見据えることになった。

1971年8月のニクソン米大統領による金ドル交換停止声明がきっかけとなり，ヨーロッパ主要国の外国為替市場が1週間にわたって閉鎖されたのち，再開後には日本円も含めて多少の為替相場の変動を許容することになった。この後，日本の関係官たちは，国際通貨制度に関する相互調整に対して，より積極的な参加姿勢をみせるようになった。

経済大国アメリカの通貨を基軸とした固定相場制による「為替の安定」が失われたのを受けて，7ヶ国蔵相会議，同代理会議，OECD 第3作業部会（WP3），IMF 理事会等で通貨の安定問題が検討された。1971年12月にスミソニアン博物館での会議において，より弾力的な「固定相場」体制が組まれたものの，1973年2-3月には多くの国の通貨が変動相場制に移行した。途上国では米ドルなどに対してペッグ制が採られ続けて為替の安定性が図られ，先進国の間では IMF やそれ以外の場で安定性を目指して恒常的な協議が行われるようになった。

コラム3　為替制度と国際ビジネス

　固定相場制から変動相場制への国際通貨制度の変更は，業種によってその及ぶ影響が大きく異なる。金融業と，（部品や中間財の貿易を含む）製造業の場合について，それぞれが受ける影響を考えてみよう。

4．構造マクロ調整策

　主要国において固定相場制ではなくフロート制（変動相場制）が採られるようになると，IMF 不要論が台頭した。しかし，IMF では豊富な金融経済データと最新のコンピュータを駆使して，変動相場制の下で使える金融モデルの構築が始まっていた。有能な国際官僚は社会的に必要な任務を新たに見つけ出すものである。1970年代，オイルマネー（petro-dollar）に代表される資源マネーの動きが膨らんでいた。南北対立が高まる中，石油輸入国は，二度にわたる石油ショック（石油輸出国による原油価格の引上げ）を経験した。工業先進国では省エネ分野での技術革新やそれを支持する政策の推進などによって対応に向けて努力が傾注された。しかし，石油の輸入が必要な途上国がマイナスの影響を被り，痛みを伴う改革が必要になった。1979年頃から先進国の間で貿易摩擦が激しくなった。

　1980年代には，IMF が変化し，世界銀行と緊密に協力するようになった。

　1986年 3 月27日，**構造調整策**（Structural Adjustment Facility, SAF）を発表し，低所得発展途上国の経常収支バランスの確保を目指すことにした。低所得発展途上国の経常収支は赤字になりがちで，そのための対策を打とうとした。

　1987年12月29日，**構造マクロ調整策**（Enhanced Structural Adjustment Facility, ESAF），つまり，低所得発展途上国の経常収支を改善し，経済成長を促進するために， 3 年間の期間限定つきで，マクロ経済と経済構造の改革の実施を強力に促進するプログラムを発表した。これはワシントン・コンセンサスとも呼ばれることがあった。そして次節でみるように，一部の経済学者たちから強い批判を受けることになった。

1999年11月22日，ESAF は，**貧困削減・成長促進策**（Poverty Reduction and Growth Facility, PRGF）と改名され，その目的は，低所得発展途上国の持続する経済成長によって生活水準を引き上げ，貧困を削減することにおかれた。

1997年後半に東アジアで通貨危機が発生した時には，緊急融資を要請してきた国一般に対して，IMF が ESAF の実施を融資条件に課している時期であった。しかし，通貨危機の発生原因は，経常収支の問題からというよりも，「投資満期期間と通貨の両方が異なる」というダブル・ミスマッチにあるとされた。流動性不足も問題の一因として指摘されたが，流動性不足は通貨危機や金融危機の際に常に付随する問題ではある（第19章参照）。

5．グローバリゼーションをめぐる論争

1997年の東アジア通貨危機では，IMF がタイ，インドネシア，韓国に緊急融資を行うと同時に，厳しいコンディショナリティ（conditionality，構造改革を含む融資条件）を課した。これをめぐって論争が始まり，グローバリゼーションの是非にまで論点が広がった。

●スティグリッツの IMF 批判

スティグリッツ（Joseph E. Stiglitz）は，2001年のノーベル経済学賞受賞者で，1993年に米ビル・クリントン大統領の経済諮問委員（1995年委員長就任）として，また1997年からは世界銀行のチーフ・エコノミスト兼上級副総裁の任についていた。そのスティグリッツが，アメリカ・IMF 主導のグローバリズムに異議を唱えた形になった。彼の主張は，『世界を不幸にしたグローバリズムの正体』（2002年，鈴木主税訳，徳間書店）として出版された。原題は，

Globalization and Its Discontents である。

スティグリッツが，世銀時代にいくつかの発展途上国を訪れ，そこで目撃した現実をもとに書かれている。特に，IMF が経済危機に陥った発展途上国のすべてに対して，同じ政策を押し付けようとしていたことについて手厳しく批判していた。スティグリッツが具体的に指摘した IMF 政策の個々の問題点については，IMF スタッフも否定はしていない。

スティグリッツは，グローバリズムが本来もつメリットについては十分に認識していた。貧困をなくし，世界を幸せにするのも，グローバリズムが必要条件となっていると考えていた。

●IMF の反論

IMF ではウェブサイトを構築して，IMF の現在の活動やその歴史を発信し，批判に対して反論をウェブに掲載するようになった（http://www.imf.org/）。

IMF スタッフは共同論文「グローバリゼーション：脅威か機会か」（Globalization: Threat or Opportunity?）を2000年に発表して，組織としての対応をとった。2002年に修正版が発表され，その後の改訂版にもエッセンスは引き継がれている。要点の1つは，日本語でいえば「技術革新」にあるのだが，英語では「革新と技術進歩（innovation and technical progress）」という表現が使われる。「グローバル化は政治選択である」という主張も入っていて，2016年以降の政治情勢の変化を考察するのに役立つであろう。途上国の経済発展を考慮することもポイントとなるであろう。

経済的「グローバリゼーション」は歴史的過程であり，人類の革新と技術進歩の結果である。これは，世界中の経済統合の進展，特に貿易と金融のフローに関係する。この言葉は国境を越えての人々（労働）と知識（技術）の移動とも関係することがある。グローバ

ル化には，より幅の広い文化的，政治的，環境的次元もある。グローバル化とは，国際的取引を完結させるのが容易かつ迅速になることである。

　グローバル化は，国際的経済統合を支持する政治選択であり，ほとんどの場合，民主主義の強化とともに進んできた。確かに選択であるから，挑戦を受けたり逆転させられたりする――しかし，それは人間性に対して甚大な犠牲を払うものである。IMF は，グローバル化は世界的貧困を減少させるために不可欠な経済成長に貢献する大きな可能性をもつ，と信じている。

　多くの発展途上国はすでに世界経済が提供する経済的機会を利用してきている。急速にグローバル化している国々――ブラジル，中国，コスタリカ，フィリピン，メキシコ――は，1980-97年に，世界貿易に占めるシェアを平均して2倍に増やし，1人当たり所得を6～7割増やした。しかし，他の国々ではあまりうまくいっていない。世界人口の大半が住む地域――特に，アフリカのサハラ砂漠周辺――が，経済進歩から取り残されている。その結果，世界の最富国と最貧国の格差は以前より開き，各国内での貧困の出現率が増加した。

　グローバル化過程を逆転させることは貧困を解決するわけではない。この過程を前進させ，より良いグローバル化への支持を形成し，そのリスクを最小化し恩恵を最大化する方法に対して，政治的理解が発展させられなければならない。以上が，IMF の反論の骨子である。

　「グローバル化」の定義は IMF が示したもの以外にも考えられるであろう。2016年に起こった，イギリスの EU 離脱の国民投票結果，などの政治現象を見るとき，IMF の主張を読み返す価値があるように思えるのである。

> ### コラム 4　　グローバル化の諸原因
> COLUMN
>
> 　グローバル化はなぜ起こるのだろうか。「人間による発明や技術革新がグローバルをもたらす」のだろうか。

6. IMF アジア太平洋地域事務所（OAP）

　IMF-OAP は IMF のアジア太平洋地域の窓口として，1997年12月に東京に設立された。OAP の役割は，アジア太平洋地域の経済・金融の動向や地域協力・地域統合の進展のモニタリング，域内の経済・金融情勢や政策における各種課題の分析，域内における IMF 本部活動の支援などである。

　OAP ウェブサイトでは，最新の情報や研究の要旨を日本語でも提供している（https://www.imf.org/external/oap/）。OAP は国内の大学や国際協力機構（JICA）などの団体とセミナーを共催するなど，広報につながる活動も積極的に行っている。

第 8 章
世界銀行と国連開発機関

　国連傘下の開発機関には，世界銀行のほか国連開発計画（UN Development Program, UNDP），国連貿易開発会議（UN Conference on Trade and Development, UNCTAD）などたくさんの機関がある。本章の最大の課題は，「なぜ貧困を解決することが望まれるのか」，「なぜ経済開発が望まれるのか」を考えることである。「貧しい人には，魚を与えるより，魚の獲り方を教えるべきである」（孔子）との見解も興味深い。

1．世界銀行グループ

　国際復興開発銀行（IBRD）を創設する協定が1944年のブレトン・ウッズ会議で起草され，翌1945年に設立された。世界銀行は，一般に，IBRDと国際開発協会（IDA）を意味する。これに姉妹機関である国際金融協会（IFC），多数国間投資保証機関（MIGA），投資紛争解決国際センター（ICSID）を併せて世界銀行グループと呼ぶ（http://www.worldbank.org/）。それぞれの機関は，世界銀行総裁の指揮・統括のもとで業務を遂行している。IBRDは，1人当たりGNPの比較的高い加盟途上国を対象に，政府，政府またはその他の適切な保証を得られる公的・民間機関に貸付を行う。その平均償還期間は15〜20年（うち据置期間5年）で，金利はIBRD自身の借入れコストに応じて半年ごとに変動する。

　IBRD貸付の原資は，資本市場からの借入，加盟国からの出資金，

留保利益，IBRD 貸付金の回収で賄われ，そのうち市場での借入が最大の資金源となっている。また，各加盟国は出資金のごく一部を実際に払い込み，残額は世界銀行から請求された場合にのみ支払う。払い込み請求は IBRD が投資家に対する債務を履行することができない場合に限られ，今日まで請求されたことはないとされる。日本は，1952年に IBRD に加盟した。

国際開発協会（IDA）は，IBRD と共通の使命，組織，スタッフのもとに活動している。IDA は，途上国の中でも特に貧しい国々を支援するため，IBRD の姉妹機関として1960年に設立された。IDA の融資は，IBRD と同様に，政府，政府またはその他の適切な保証を得られる公的・民間機関を対象とするが，こうした目的から無利子で，償還期間も35〜40年（うち据置期間10年）という条件で行われている。

IDA の主要な原資としては，加盟国からの出資金および拠出金，IBRD の純益からの移転，IDA 融資の返済金がある。拠出金は工業国と比較的豊かな一部の途上国によって提供され，通常 3 年ごとに増資が行われている。日本は，IDA の原加盟国である。

世界銀行の総裁には，民間国際金融業務の経験者が多く，これまではすべてアメリカ国籍である。

2．世界銀行の歴史

1990年代半ば，世界銀行設立50周年を機に，その歴史を振り返るセミナーがいくつか開催され，また同銀行の公式歴史家たちが国際会議に招待された。1997年に『世界銀行：最初の半世紀』全 2 巻（D. Kapur, J.P. Lewis, R.Webb 編集，ブルッキングス研究所出版）として出版された。世界銀行が「経済発展・開発を促進する機関」と特徴づけられたのは，「1945年以降の経済学の国際化」をめ

ぐる国際会議（デューク大学，A.W. コーツ組織，1995年）の影響があると思われる。

　英語の「development」は日本語ではいくつかの意味をもち，経済学の文脈では「発展」と「開発」が使い分けられる。20世紀後半，英語の「development」の意味合いが変化して，日本語でいえば「発展」（内生的で自発的な経済成長）から，「開発」（外から，または，上からの経済発展の実現）へとウェイトがシフトしたといえるようである。世界銀行の設立と開発融資の影響があると考えられている。ちなみに，中国語と韓国語では「発展」が用いられる。

　世界銀行50年史では，同銀行の融資の効果が最もあがった国として，韓国が注目されている。韓国の世界銀行と IMF への加盟は1955年で，外部資金を得て国内の金融制度と技術受入れ体制を整えて，経済発展を遂げた歴史が描かれている。世界銀行のほかに，アメリカの金融機関からの融資も韓国の経済発展に大きな役割を果たした。最後の点では，やはり世銀融資の効果で注目されたメキシコの状況がよく似ている。

● 世界銀行と日本──賠償から経済協力へ

　日本経済も戦後まもなくから，国際通貨制度と連結され，国際社会とのつながりを回復してから，賠償支払いや経済協力を通じて近隣諸国と友好関係を築いてきた。日本は1950-60年代，経済援助を行う先進国としての側面と，世界銀行から資金を借り入れる途上国としての側面を併せもっていた。日本のおかれた状況を理解するためには，アジアの近隣諸国との経済水準の差が大きく，同質性の高い経済先進国が集まる西ヨーロッパや北米とは異なる環境にあったことが重要なポイントとなる。

　第7章で述べたように，1949年4月に，1米ドル＝360円という単一の固定為替レートが設定されて，52年4月には占領期間が終了

した。

　日本は1952年 8 月に IMF と世界銀行に加盟し，53年に世界銀行から初の融資をうけた。世界銀行は政府保証をもつ日本開発銀行（現日本政策投資銀行）に形式的に資金を貸し付け，日本開発銀行は 3 つの電力会社に又貸しし，火力発電設備を輸入するために充てられた。日本開発銀行は電力，鉄鋼，機械産業の民間企業が世界銀行から資金を借り入れる際に仲介役となり，日本の電力会社や航空会社が海外の民間銀行から借入を行う際に保証人となった（池尾『日本の経済学』）。世界銀行から日本への融資は，60年代には道路・輸送セクターが主な対象であった（日本の最後の借入契約は66年，借款完済は90年 9 月である）。67年，日本は世銀の卒業国となった。他方で，日本は52年12月には旧交戦諸国と賠償交渉を開始し，55年に賠償支払が始まるが，（賠償支払いを見越した）技術協力はコロンボ計画に参加することで1950年頃から始まっていた。

　世界銀行東京事務所が開設されている。1984年，日本は世銀第 2 位の出資国となった。

　2012年 9 月，東日本大震災からの復興・再生に向けて歩む日本は，世銀・IMF 年次総会の開催国となった。

3．国連開発計画（UNDP）

　UNDP は国連システムのグローバルな開発ネットワークである（http://www.undp.org/）。

　UNDP は1966年， 2 つの国連技術協力機関（国連特別基金と国連拡大技術援助計画）の統合から発足した。国連総会と国連・経済社会理事会の管轄下にある国連機関の 1 つで，本部はニューヨークにある。現在，177の国・地域で活動をする。それぞれの国の能力強化には，UNDP のスタッフの知識や他の国連機関や政府や市民

第8章　世界銀行と国連開発機関── 103

社会等との幅広いパートナーシップが役立っている。

　ミレニアム開発目標（Millennium Development Goals, MDG）
では，2015年までに貧困を半減することを柱とした。

　2015年9月，第70回国連総会において，2016-30年の持続可能な
開発目標（Sustainable Development Goals, SDG）が採択された。
SDG では，17の目標が設定されている。①貧困をなくそう，②飢
餓をゼロに，③すべての人に健康と福祉を，④質の高い教育をみん
なに，⑤ジェンダー平等を実現しよう，⑥安全な水とトイレを世界
中に，⑦エネルギーをみんなに，そしてクリーンに，⑧働きがいも
経済成長も，⑨産業と技術革新の基盤をつくろう，⑩人や国の不平
等をなくそう，⑪住み続けられるまちづくりを，⑫つくる責任，つ
かう責任，⑬気候変動に具体的な対策を，⑭海の豊かさを守ろう，
⑮陸の豊かさも守ろう，⑯平和と公正をすべての人に，⑰パート
ナーシップで目標を達成しよう。

　各国の常駐事務所で，UNDP の常駐代表は，通常，国連システ
ム全体の開発活動の常駐調整官を兼務する。UNDP は，開発活動
全体の調整を通し，国連はじめ国際機関の開発資金を最も効果的に
使えるよう尽力する。ただし，融資は行わない。

● UNDP 駐日代表事務所
　UNDP 駐日代表事務所は1979年に設立された（http://www.
jp.undp.org/）。主に，① UNDP の主要ドナー国である日本政府や
国際協力機構（JICA）との関係強化，ニューヨーク本部や各国事
務所との連絡調整業務，②人間開発報告書や年次報告書など主要な
出版物の日本語版作成，イベント等を通じた広報活動，③日本にお
ける市民社会や民間セクターとの連携推進をすることを任務とする。

4．国連貿易開発会議（UNCTAD）

　UNCTAD は，先進国の国民一般にはあまり知られていないかもしれない。その初期，日本では外務省関係官たちが中心となって UNCTAD に参加し，赤松要，小島清など国際経済学者たちがその成行きに関心を寄せていた。当時の『経済と外交』や『世界経済評論』などに詳しい報告や議論があるほか，外務省編『国連貿易開発会議の研究』全 2 巻（1965），『UNCTAD の歴史，1964-1984年』（1985）も役に立つ（池尾『日本の経済学』）。

　ケネディ政権が途上国開発に関心をよせ，ウ・タント国連事務総長が積極的に動き，1961年12月には「国連開発の10年」が決議された。南北問題の解決が国連にとって最大の課題の 1 つになった。1960年代初頭，いわゆる「南北問題」の存在を指摘する声が高まり，途上国の経済的困難が国際的な協力によって解決されない限り，世界の平和や繁栄もあり得ないとの考えが登場した。「南北問題」は当時，先進国や日本にいると見えにくかったのであるが，後に，先進国の企業が途上国での生産活動に乗り出すようになって，多国籍化した越境企業と途上国の市民や政府との間で生じた摩擦がその中心にあったことが，国連や UNCTAD の聴取り調査などによって明らかになった。

　1962年 7 月，途上国はカイロに集まり，貿易と開発に関する会議の開催を求める「カイロ宣言」を採択した。同年に国連の経済社会理事会と総会で支持する決議を受け，UNCTAD が1964年 3 月より 3 ヶ月間ジュネーブで開催された。当初，この会議は常設的なものとは考えられてはいなかった。しかし，同年12月の国連総会は同会議の勧告に基づいて UNCTAD を総会の機関として設置する決議第1995号を採択した。

UNCTAD は開発と貿易，資金，技術，投資および持続可能な開発の分野における相互に関連する問題を統合して取り扱うための国連の中心的な場である。当初の目的は南北間の経済格差を縮小させることであった。現在では，途上国の貿易，投資，開発の機会を最大化し，グローバリゼーションから生じる問題に直面する途上国を支援し，対等な立場で世界経済へ統合することを目的とする。本部はスイスのジュネーブにある。

1972年4-5月にチリのサンチャゴで開催された第3回 UNCTAD は，途上国ペースで進行し，数の増えた途上国の強い主張（リマ憲章）が提出された。この会議には，中華人民共和国から30人弱の代表団が初めて参加した。5月の最終決議をうけて，国連総会も動き出し，1974年5月に「**新国際経済秩序**（New International Economic Order）**の確立宣言**」を採択し，発展途上国の資源と開発の問題を歴史的にかつ包括的に捉えて，先進国に協力を要請した。さらに，同年12月12日の国連総会では決議3281（XXIX）「**国家の経済的権利と義務の憲章**」が採択され，国家の天然資源に対する恒久主権と経済主権，資源保有国が機構を組織する権利などが承認された。これにより，資源ビジネスを営む越境企業の「自由」が制限される一方で，石油など資源を保有する国々は，国際金融市場に大量資金を投資できるほどに大きな利益をえるようになり，日本など先進国は（投機的）資金の動きに注意を要するようになった。さらに，日本は同年1月に東南アジアで苦い経験を積んでいた（第17章参照）。

1979年には第5回 UNCTAD が開かれた。1970年代にスタグフレーションで苦しんだ先進国同士の経済摩擦が徐々に激しくなり，深刻な事態に陥っていた（第9章）。とりわけ，日本と欧米先進国の間の摩擦が激しくなり，経済先進国にとって北北問題への取組みが優先され，1980年代には米ソ間で（最後の）軍拡競争が繰り広げ

られていた。途上国は国際収支の問題をかかえ，累積債務を膨ませていた。IMFと世界銀行は融資対象国に対して国内の制度改革や民主化を条件につける構造調整融資を推進し，アフリカの一部の国々では成果があったとされるが，1980年代は「開発の失われた10年」（lost decade of development）と呼ばれることもあった。

　しかし1985年以降，東アジアでも民間企業の海外直接投資（FDI）が活発に行われ，経済成長が見られ，1993年には『東アジアの奇跡』と題する世界銀行レポートが刊行されるほどになる。1991年以降，UNCTADは毎年『世界投資レポート』を発表し，国際投資データを公表するほか，「国際価値連鎖（global value chain）」（2013年），「FDIとリンケージ」（2001年），「越境企業と競争」（1995年），「越境企業と雇用」（1994年），「海外生産の統合」（1993年）など，テーマごとの特集も組んでいる（http://unctad.org/）。

　2015年末，UNCTAD投資企業部門は東南アジア諸国連合（ASEAN）事務局と協力して，オーストラリア政府支援のもと，『アセアン投資レポート2015』を公表した。同レポートは，ASEAN域外だけではなく，域内の多国籍企業による相対的後進国（カンボジア，ラオス，ミャンマー，ベトナム）へのFDIが域内の成長格差の解消に役立っているとした。こうした途上国間のFDIが「南南」協力の強化に向けて重要な役割を果たすとした。そして，UNCTADは一方で，民間企業には民間企業の戦略があることを認識しつつ，他方で，途上国に「規制する権利を守ること」「投資紛争解決手段を改革すること」「投資環境を改善すること」等を助言したことが注目される（第17章参照）。

第 9 章
世界貿易機関（WTO）と関税及び
貿易に関する一般協定（GATT）

　世界貿易機関（World Trade Organization，WTO）は国家間の
貿易ルールを扱う世界で唯一のグローバル機関である。WTO は
1995年設立なので，現在ある多くの国際機関の中では若い方である。
WTO 設立以前には，関税及び貿易に関する一般協定（General
Agreement on Tariffs and Trade，GATT，ガット）が暫定的に運
用され，関税引下げ，非関税障壁の撤廃に向けて動いていた。

1．貿易とルール

　国際貿易には素晴らしい効果がある。輸入によって新しい物品や
サービスがもたらされることもあれば，同様の製品の改良や廉価普
及版が新たに提供されることもある。それらの中にはやがて輸入国
で生産されたりあるいはより効率的に生産されたりするようになる
ものもある。逆に輸出によって，伝統的な物品や，当地で発明され
た新しい物品・サービスの販路の拡大につながる可能性もある。
　さらに国際貿易は物品やサービスが国境を越えて取引される以上
の効果をもっている。貿易に関与する人々の交流をもたらし，信頼
関係が生まれるとさらなる貿易につながっていく。若者の留学や研
究者の国際交流が行われ，情報と知識の生産と交流が行われてゆく。
そして貿易や海外生産（投資）を通じて新しい技術が伝播してゆく。
それゆえ，国際貿易は推進されるべきであり，貿易自由化は WTO

の任務とされている。

　自由な国際貿易は努力をする人々に多様で広大な経済的機会（business opportunity）を提供する。それだけに，自由な国際貿易を公平に実現して，そしてその恩恵を衡平にすべての人々に行き渡るようにするためにルールを必要とする。WTOは自由な貿易を推進するために取引ルールを多国間の交渉で作り出して守っていこうとするグローバル機関である。19世紀半ばまでは，国際貿易は特権を与えられた人々あるいは親類縁者や顔見知りの人々によって確かな見通しをもって安心して行われてきた。20世紀終盤からは，WTOが国際貿易を確かな見通しをもって安心して実施できる環境づくりに関心をもつようになったといえる。それでも原材料や中間財の調達，生産から貿易を通じて販売して資金を回収するまでの時間の推移の中で，環境が変化して関係者の間で行違いが起こり紛争が生じることがある。それゆえWTOはそうした紛争を関係各国の手続きを踏まえたうえで最終的に解決する仕組みを提供することも任務とする。

　自由な国際貿易は進歩と変化を絶えず伝播させてゆく媒体となる。国際貿易により利益を得る人々がいる一方で，損失を被る人々がいる。そのため，その前史を形成してきたGATTの時代から，いくつかの例外的措置の実施の必要性が合意されてきた。消費者の健康に悪影響を及ぼしうる物質はその使用を規制しなくてはならない。貿易による変化は国内で関連する産業やそこに従事する人々に直接的な影響を与える。それゆえ，あまりに急激な変化が起こりつつあると判断されるときには，特定品目の輸入にブレーキをかけてよい（「セーフガード」）との共通認識も形成されてきた。

　天野為之がかつて主張したように，まさに「発明が社会を進歩させ，貿易が世界を変える」現象が起こるのである。変化の基となる発明や技術，販売のための工夫・信頼は知的財産として守る必要が

第9章 世界貿易機関（WTO）と関税及び貿易に関する一般協定（GATT）── 109

ある。技術やノウハウを特許として販売するか，あるいは，海外に
進出して現地生産に乗り出すか，いろいろと選択肢は広がってゆく。
　WTO 設立には，「国際貿易は推進されるべきである」との価値
判断が込められている。

2．世界大不況の反省から国際貿易推進へ

　WTO の前史を同ウェブサイト（https://www.wto.org/）を参考
にして振り返っておこう。1930年代，世界は大不況に見舞われた。
きっかけは，1929年10月の米ウォール街での株価暴落に端を発した
ようにも見える。しかし，ヨーロッパでは，第一次大戦の敗戦国ド
イツが懲罰的な賠償金を課せられており，ドイツは全額を支払うこ
とは不可能であると訴え続けていた。ドイツは賠償金を戦勝国に支
払うために貿易黒字を出し続けることが要請されていた。各国は国
際金本位制を放棄した後，為替平価と貿易について，具体的な対策
に差こそあれ，輸入を制限しようとする保護主義的な傾向の政策を
とったのであった。輸入制限的な政策は，相手の国に同様の政策を
とらせることになり，結局，世界全体の貿易額が収縮し，不況が増
幅して世界に広がってゆくことになった。
　こうした保護主義的な貿易政策が，2回目の世界大戦を引き起こ
す原因の1つとなったことに鑑み，戦後，国際通貨基金（IMF），
世界銀行に続く，3番目のブレトン・ウッズ機関として，国際貿易
機関（International Trade Organization，ITO）の設立が図られた。
公平で自由な貿易こそが世界に経済的繁栄をもたらすとの思いから，
雇用，一次産品協定，制限的取引慣行，国際投資，サービスについ
てかなり大胆なルールを含む ITO 憲章が起草された。ITO 憲章は
ハバナ（キューバ）の会議で承認されたことからハバナ憲章とも呼
ばれる。ハバナ会議は1947年11月に始まり，1948年3月に終了した。

しかしながら，設立に足る規模数の国々から批准を得ることができず，設立には至らなかった。つまり，戦後まもなくには，公平な自由貿易は世界の共通理念にはならなかったのである。

1930年代前半の世界貿易の収縮と各国の危機的経済状況の記憶は一部で鮮明に共有されており，障害の無い貿易を実現させたいとの思いは強かった。国際交渉はいくつかの機会に進められていた。1945年12月にすでに15ヶ国が集まり，関税を引き下げてゆくことになっていた。貿易自由化に早く拍車をかけて，1930年代の保護主義という負の遺産を払拭したかったのである。

1947年に貿易自由化への強固な意思のある国々が集まって関税及び貿易に関する一般協定（GATT）が作成され，1948年に23の「設立国」（契約国）でGATTが暫定的に始まっていた。日本は1955年9月に加入を認められ，14ヶ国が日本に対してGATT35条（免責条項）を援用したものの，日本経済が受けた恩恵は大きかった。自由貿易を目指すグループが動き出すと，そのグループ内では関税などの障壁が低くなっていくのに対して，そのグループ外に対しては貿易障壁が残ったままになり，グループ入りを果たさなくては国際貿易上で不利な扱いを受けることになる。GATTは貿易における無差別原則（最恵国待遇，内国民待遇）等の基本的ルールを規定していた。GATTは，工業製品の関税引下げを中心に多角的貿易交渉（multilateral negotiations）の基礎を築き，IMFとともに貿易自由化を促進して世界経済の成長に貢献したといえる。これは，IMF-GATT体制と呼ばれてきた。

ラウンド方式による貿易交渉（trade round）もGATTのスタイルで，関税引下げ以外の貿易ルールの交渉も行われた。1960年代半ばのケネディ・ラウンドでは，生産原価より低い価格で販売しようとするダンピング（dumping）に対して厳しい措置で臨む「反ダンピング協定」が合意された。1970年代の東京ラウンドでは，政策・

第９章　世界貿易機関（WTO）と関税及び貿易に関する一般協定（GATT）——— 111

制度の共通化に向けての調整（"harmonization"）が議論され，緊急輸入（制限）措置「セーフガード」についての協定が改訂された。

　1980年代になると，世界経済のグローバル化が一段と加速し，サービス貿易に対する関心が高まり，海外投資・海外生産がいっそう盛んになっていた。サービス貿易の拡大は物品貿易の拡大と密接に結びついていた。途上国の産業化と関係して繊維工業部門が発展して輸出が急伸する場合に，関係諸国で多国間繊維協定（Multifibre Arrangement）が結ばれることがある。農産物の貿易はいつも交渉テーブルに載ってきた。次にみる政府調達の問題も注目されるようになってきた。

　GATT は国際機関ではなく，暫定的な組織として運営されてきた。しかし，1986年に開始されたウルグアイ・ラウンド交渉において，貿易ルールの大幅な拡充が行われるとともに，これらを運営するため，より強固な基盤をもつ国際機関を設立する必要性が強く認識されるようになり，1994年のウルグアイ・ラウンド交渉の妥結の際にWTO の設立が合意された。

　かくして1995年１月１日に法人格をもつ国際機関 WTO が誕生した。

3．政府調達の問題

　政府調達の問題は，1970年代末からの日米経済摩擦の争点の１つであった。1979年６月，政府調達に関する問題が牛場・ストラウス共同声明で取り上げられて注目された。

　貿易政策に関連して微妙に感じられる言葉の使い方があるので，外務省ウェブサイト上の文言（平成27年３月18日）を基礎に紹介しておこう（http://www.mofa.go.jp/mofaj/gaiko/wto/chotatu.html）。

●WTO 政府調達協定（GPA）概要

　政府調達分野では，東京ラウンドの多角的貿易交渉の結果，策定された「政府調達に関する協定」（旧協定）（1981年発効，1987年改正）により，政府機関等による産品の調達に内国民待遇の原則（他の締約国の産品及び供給者に与える待遇を自国の産品及び供給者に与える待遇と差別しないこと），および無差別待遇の原則（他の締約国の産品及び他の締約国の供給者であって締約国の産品を提供するものに与える待遇をそれ以外の締約国の産品及び供給者に与える待遇と区別しないこと）が適用されてきた。

　ウルグアイ・ラウンドの多角的貿易交渉と並行して交渉が行われた結果，1994年4月にWTOの「政府調達に関する協定」（Agreement on Government Procurement, GPA, 「1994年協定」）が，モロッコのマラケシュで作成され，1996年1月1日に国際約束（条約）として発効した。日本は1995年12月に，1994年協定の締結および公布を行った。1994年協定は，上の規律の適用範囲を新たにサービス分野の調達や地方政府機関による調達等にまで拡大し，政府調達における国際的な競争の機会を一層増大させ，苦情申立て，協議および紛争解決に関する実効的な手続を定め，政府調達をめぐる締約国間の問題につき一層円滑な解決を図るための仕組みを整備した。

　さらに1997年以降，1994年協定の適用範囲をさらに拡大するための改正交渉が行われ，その結果，協定の適用を受ける機関およびサービスの拡大，開発途上国の協定加入に対する特別な待遇，電子的手段の活用による調達手続の簡素化等の内容を盛り込んだ「政府調達に関する協定を改正する議定書」（「改正議定書」）が2012年3月30日に採択され，2014年4月6日に発効した。日本は，同議定書を2014年3月17日に受諾し，同年4月16日に効力が生じた。

　1994年協定は，1995年1月に発効した「世界貿易機関を設立するマラケシュ協定（WTO協定）」の附属書四に含まれる複数国間貿

易協定と呼ばれる協定のうちの1つである。複数国間貿易協定は，WTO協定の一括受諾の対象ではなく，個別に受諾したWTO加盟国のみがこれに拘束される。

　かくしてWTO加盟国の部分集合においてになるが，政府調達の市場開放が実施に移され，1980年代から公企業の民営化や規制の緩和・撤廃が目立って行われるようになった。1989年11月にベルリンの壁が崩壊し，東ヨーロッパでは社会主義・計画経済から自由な市場経済へと政治的な転換が起こった。公平な自由貿易を進める観点から，経済協力開発機構（OECD）等でも国有・国営企業（state owned enterprises，SOE）の問題，赤字国営（輸出）企業への補助金による補てんの問題が議論の俎上に挙げられるようになった。

4．世界貿易機関（WTO）概観

　WTOはルールを作成し，そのルールに則って貿易問題を処理し，貿易自由化を進める実務機関としての性格をもっている。輸出自主規制は明確にWTO違反とされ，貿易摩擦を回避するための「便法」（政治的手段）としての自主規制はWTO下では使えなくなった。GATT時代と比べ，多くの発展途上国がWTOに加盟しており，途上国には（一時的な）優遇措置を認める一方で，WTOルールについての途上国向けセミナーを開催するようになっている。

　WTOウェブサイトでは次のように述べられている。WTOの諸協定は，物品，サービス，知的財産（発明，創造，意匠）を包括する。この協定は自由化の原理に連なるが，例外も認めている。この協定に従って，個々の国々は関税と他の貿易障壁を引き下げ，サービス市場を開放するように取り組むことになる。この協定に従って，生産者は紛争を解決する。この協定は，発展途上国には特別待遇を認める。この協定は，各国政府に対して法律や政策をWTOに告知

し，事務局による各国の貿易政策についての定期報告を通じて，貿易政策を透明にすることを要請する。WTO諸協定の日本語版は，経済産業省等のウェブサイトにある。

　WTO諸協定はしばしばWTO貿易ルールと呼ばれる。WTOは「ルールに基づく」（rules-based）機関であると記される。ただし，そのルールはそもそも加盟国代表が交渉して実際に合意した協定であることも強調される。

　WTO諸協定は3つの大きな原則から出発する。①関税及び貿易に関する一般協定（GATT，物品），②サービスの貿易に関する一般協定(General Agreement on Trade in Services, GATS, ガッツ)，③知的財産権の貿易関連の側面（Trade-Related Aspects of Intellectual Property Rights，TRIPS）である。

　WTOウェブサイトの中には，学生が親しみやすいような教育的配慮がなされたページもある。しかしながら，諸協定と法律に則って仕事は進められる。WTOが10周年を迎えたあたりで出版された書籍がわかりやすそうである。例えば，UFJ総合研究所新戦略部通商政策ユニット編『WTO入門』（日本評論社，2004年）がある。上の①②③に関する説明が網羅されている。

　GATSに関しては，第1条で，GATSの対象は「政府が提供するサービスを除く，あらゆるサービス」であるとされる。GATSでのサービス貿易には，サービスの越境移動（国際航空便や国際電話等），海外でのサービスの消費（消費者の海外ホテル宿泊等），サービスの直接投資（銀行の支店設置等），そして，人による海外でのサービス提供（海外アーティストのコンサート等）の4つの「モード」（形態）が含まれるところから，説明が始まっている（p.142）。

　知的財産権の国際的保護は，1883年のパリ条約（工業所有権），1886年のベルヌ条約（著作権）の締結に始まり，改訂を重ねて1967

第９章　世界貿易機関 (WTO) と関税及び貿易に関する一般協定 (GATT) —— 115

年の世界知的所有権機関（WIPO）に継承された。しかし，これら
の条約と機関は，加盟国に条約を順守させる手続きが不十分であっ
た。TRIPS 協定は，パリ条約とベルヌ条約の条文そのものを遵守
することを WTO 加盟国に対して求めたうえで，WIPO を中心と
する知的財産権の国際的保護体制を前提として，その不十分な面を
補完することを目指している（p.154）。

　日本国際経済法学会の「WTO 特集」（『年報』第14号，2005年）
も参考になる。

第10章
経済協力開発機構（OECD）

　ヨーロッパの経済問題を考察する際，経済協力開発機構（OECD，1961年設立）と欧州連合（EU）をペアにして俎上に乗せるとわかりやい。EU はブリュッセルに本部をおく地域機関であり，OECD はパリに本部をおくグローバル機関である。しかし，OECD が欧州経済協力機構（OEEC，1947年設立）という地域機関を前身とすることを想起すれば，ヨーロッパ色が強いグローバル機関であることに気づく。2つの機関は別物ではあるが，加盟国に重複がある。ヨーロッパ人たちは，OECD と EU という，性質が異なる2つの国際機関を駆使して，経済関連の公共政策について調整を図る傾向がある。

　重複加盟国は，相互に整合性を欠く政策を採ることはできない。OECD は，加盟国に共通する経済・社会・教育のさまざまな分野のさまざまな問題について分析・研究し，政策提言を行うシンクタンクでもある。ウェブサイト（http://www.oecd.org/）が構築され，関連資料とデータが英語と仏語で公開され，若い人々が関心をもちやすいような工夫がなされているので，ぜひ利用してほしい。OECD 東京センターのウェブサイト（http://www.oecd.org/tokyo/）には日本語での情報もある。質問を受けたのであえて書くと，OECD の政策提言に従わなくても，罰則は特にないようだ。しかし，各国別のピア・レビュー（相互監視）が実施されるので，それが改革に向けての圧力として作用しうることであろう。2007年にパリ本部を訪問した時には，OECD は脱退国を出さないと断言された。

1. 経済協力開発機構（OECD）概要

　第二次大戦はヨーロッパの経済社会を疲弊させた。1947年6月にマーシャル米国務長官は，欧州経済の再建を目的とする援助プログラム「マーシャル・プラン」を発表した。アメリカが個別各国に直接に資金を提供するのではなく，欧州全体に一括して資金を提供することを望んだことを受けて，欧州諸国側は1948年4月，**OECD**（Organization for Economic Cooperation and Development）の前身にあたるトランスナショナルな仕組み**欧州経済協力機構**（Organization for European Economic Co-operation, OEEC）を発足させ，本部をパリの Chateau de la Muette においた。OEEC 原加盟国は，オーストリア，ベルギー，デンマーク，フランス，ドイツ，ギリシャ，アイスランド，アイルランド，イタリア，ルクセンブルク，オランダ，ノルウェー，ポルトガル，スペイン，スウェーデン，スイス，トルコ，イギリスの18ヶ国で，冷戦時代に西側に与することになった。政情不安定が懸念されていたギリシャとトルコは設立当初より加盟している。

　1960年12月，OEEC に北米2ヶ国が加盟して，OEEC 加盟20ヶ国が OECD 条約に署名し，翌1961年9月，世界的視野に立って経済問題全般について協議することを目的として新たに OECD が正式に設立された。欧州機関 OEEC で強調された「協力の伝統」（tradition of co-operation）を引き継ぐことが OECD 条約に明記された。

　OECD 設立後の加盟国は次のとおりで，2016年現在は35ヶ国である。

日本（1964年4月28日）　フィンランド（1969年1月28日）

オーストラリア（1971年6月7日）
ニュージーランド（1973年5月29日）　メキシコ（1994年5月18日）
チェコ（1995年12月21日）　ハンガリー（1996年5月7日）
ポーランド（1996年11月22日）　韓国（1996年12月12日）
スロバキア（2000年12月14日）　チリ（2010年5月7日）
スロベニア（2010年7月21日）　イスラエル（2010年9月7日）
エストニア（2010年12月9日）　ラトヴィア（2016年6月2日）

2．OECD の目的と特色

OECD 条約第1条には，次の3つの目的を達成するような政策を推進することが明記されている。

(a) **経済成長**　　財政金融上の安定を維持しつつ，できる限り高度の経済成長を持続し，雇用の増大ならびに生活水準の向上を達成し，もって世界経済の発展に貢献すること。

(b) **開発途上国援助**　　経済発展の途上にある加盟国および非加盟国の経済の健全な拡大に貢献すること。

(c) **多角的な自由貿易の拡大**　　国際的義務に従って，世界貿易の多角的かつ無差別的な拡大に貢献すること。

OECD 条約第2条には，加盟国は上記の目的を達成するために，個別に，あるいは，共に協力して，次の諸策の実施に同意するとされた。

(a) 経済資源の効率的利用を促進する。

(b) 科学技術の分野では，関連資源の開発を促進し，研究を激励し，職務訓練を促進する。

(c) 経済成長並びに内外の金融的安定性を達成し，資本移動の自

由化を維持・拡大する政策を構築する努力を行う。

(d) 財・サービスの交換並びに現行の支払システムへの障害を削減ないし撤廃する努力を行う。

(e) 発展途上の加盟国並びに非加盟国の経済が技術支援を受け，また拡大する輸出市場へのアクセスを確保することの重要性を認めた上で，適切な手段，特に途上国への資本の流入により，それらの国々の経済発展に貢献する。

(b) に関連するが，OECD は科学技術分野だけではなく，加盟国の教育の制度や方法，成果についても関心をもっている。

(c) にある「資本移動の自由化」に関連した変化をみておこう。メキシコと韓国は同規模の GDP 水準の国々であるが，OECD にそれぞれ1994年5月と1996年12月に加盟して資本規制をできなくなったことが関係し，それぞれ1994年後半と1997年後半に通貨・金融危機に陥り，IMF の緊急融資を受けざるをえなくなったことが注目される。それ以前は経常収支問題から通貨・金融危機に陥る国が多かったのに対して，メキシコ危機（「テキーラ・クライシス」とも呼ばれる）は資金の急速・頻繁な移動が惹起した「21世紀型通貨危機」であると初めて分析された。その後，金融分野での技術革新がさらに進んで，金融取引の速度や頻度が増したことが理解され，資本規制に対する考え方が変わり，その実施が緊急時には容認されるようになっていった。2015年7月，ギリシャは債務返済の一部を滞らせた時，銀行休業（bank holiday）とともに資本規制の措置を採ったのである。

3．OECD の組織と運営

OECD の組織は大きく分けて2つの流れで構成される。1つは

理事会・委員会で，もう１つは事務局であり，これら２つを結びつけるのが，理事会の議長を務める事務総長である。

１．理事会・各種委員会

理事会は機構の最高機関であり，すべての加盟国が参加する閣僚理事会（年１回開催）と常任代表による通常理事会（頻繁に開催）を招集する。

執行委員会は加盟各国の常駐代表によって構成され，毎週開催される。理事会を補佐し，理事会の決定事項を執行する。また，新執行委員会は，各国次官クラスの出席を得て年２回開催され，主要問題につき大局的観点から論議する。

２．事務局

事務局は事務総長が統括し，加盟国の中から選ばれた経済，統計，法律，社会科学等の専門家および行政官によって構成される。理事会の決定に従って，各種実務を分担，委員会等の作業を補佐する。

３．事務総長

クリステンセン（デンマーク，1961-69），ヴァン・レネップ（オランダ，1969-84），ジャン・クロード・ペイユ（フランス，1984-96），ドナルド・ジョンストン（カナダ，1996-2006）で，現在はアンヘル・グリア（メキシコ，2006-）が務める。

● OECD の運営

OECD の運営は現在，理事会での監視と方針決定，委員会での討議と実施，事務局の分析と提案からなる。理事会には加盟国の代表のほか，EU の欧州委員会の代表が参加し，全員一致による決議を旨としている。委員会は加盟国およびオブザーバー国の代表が個

別の分野で，OECD事務局と共同で作業を行う。事務局は，事務局長，事務次長，各部局からなる。議事録や公開などがなされないことから「クラブ」的性格があるといわれる。公用語は英語とフランス語である。

●各種委員会

各種委員会は加盟国の代表によって構成され，年次作業計画を作成するとともに，作業部会や専門家グループの補佐を受け，広範な分野にわたる研究調査を行う。また，ビジネス界の代表から成るBIAC（Business and Industry Advisory Committee）や労働組合の代表から成るTUAC（Trade Union Advisory Committee）の助言に耳を傾ける。

各種委員会には，次のようなものがある。経済政策，経済開発検討，開発援助，行政管理，貿易，国際投資・多国籍企業，資本移動貿易外取引，保険，金融・資本市場，租税，競争，消費者政策，観光，海運，産業・企業環境，農業，水産，雇用労働社会問題，教育，環境政策，科学技術政策，情報コンピュータ通信政策，教育研究革新センター，原子力機関，開発センター，国際道路研究計画，化学品特別プロジェクト，鉄鋼，地域開発政策。

4．租税回避対策

一般的にいって，グローバル化の進展により，各国政府や国際機関の仕事は増えている。一部の途上国が低率の法人税を提示して，高収益を上げている越境企業を誘致しようとする一方で，企業や個人には租税支払いを節約したいという思いが生まれやすい。「納税は市民の義務である」「税法順守が必要である」と市民の道徳観に訴えることが必要である。国民や市民の間で税負担が公平性を欠く

と感じられると，徴税が困難になりかねない。政府はその活動の基盤を支えるために，徴税能力を高めることが求められている。

　2016年にいわゆる「パナマ文書」の公表により，企業や個人の税逃れが世界の問題として改めて注目された。パナマにある法律事務所モサック・フォンセカから大量の機密文書類が漏洩したこと，世界の報道関係者が協力して文書の事実確認に臨んだことなどが話題になった。発端となったドイツの報道関係者 B. オーバーマイヤーと F. オーバーマイヤーの『パナマ文書』(姫田多佳子訳，KADOKAWA，2016年）が経緯の一部を語る。

　それに先立って，2015年 7 月，「国境なき税務調査官（Tax Inspectors Without Borders, TIWB)」プロジェクトが，OECD と国連開発計画（UNDP）によって始まっていた。これは，途上国が税務監査機関の能力強化を通じて国内での税収を強化する能力を拡大できるように立案された国際的なプログラムである。TIWB は途上国にしばしばみられる多国籍企業の租税回避に対処するための新しい試みとして，また国連の持続可能な開発目標にある資金調達への貢献として，位置づけられている（「国境なき税務調査官が大きな成果を挙げる」http://www.tiwb.org/，2016年11月22日掲載)。

5．OECD 東京センター

　OECD のセンターが，東京，ベルリン，ワシントン，メキシコシティーの 4 ヶ所に設置されている。OECD 東京センターは1973年に，OECD に対する理解をアジア・太平洋地域で促進するために設置された。

　OECD 東京センターによるわかりやすい情報が2012年頃まで独自ウェブサーバに掲載されていた（現在は，本部ウェブサーバにおかれ，シンクロ性が高まっている）。例えば，OECD 条約と歴史的

経緯から，OECDについて次のような3つの特色があるとされていた。

1. 民主主義と市場経済を原則とする先進諸国の集まりである。
2. 政治，軍事を除き，経済・社会のさまざまな分野のさまざまな問題を取り上げ，研究・分析し，政策提言を行っている国際機関で，「巨大なシンクタンク」であるといえる。
3. 「クラブ的性格」と称されるもので，先進国がかかえる多様な問題に関して政策協調を図るための協議の場を提供している。

OECDの目的には，「発展途上にある加盟国」があることが記載されているものの，加盟各国の開発途上国援助を調整してその効率性を高めることが想定されているので，おおむね「（相対的）先進国の集まり」であると捉えてかまわないであろう。少なくとも日本では，「先進国クラブ」として捉えられてきた。その上で，この3つの特色をもつグローバル機関に，似たような考えをもつ国々（like-minded countries）が集結することにより，OECDでは経済・社会の広範な諸問題について，率直かつ効率的で，しかも内容の濃い討議を行うことが可能であるとされている。

村田良平の『OECD—世界最大のシンクタンク—』（中公新書，2000年）がかなりの情報を提供してきたと思われる。IMF（国際通貨基金）や世界銀行とはちがって，OECDはヨーロッパ生まれの経済クラブ的性格をもっているので，日本では一般にその実態がわかりにくい。著者は1964年以来，日本の政策当事者で，同書はOECD担当官僚の経験と知識に基づいていて，グローバリゼーションへの対応の内幕を見ることもできる。国際機関はグローバリゼーションの象徴ともいえるが，その在り方は多様で，そこで働く人々の交流はグローバリゼーションに伴うリスクを減らす役割も担って

いることがわかる。

OECD は，経済・社会に関する比較可能なデータを収集・分析・予測するシンクタンク機能をもつ機関である。収集された多くのデータは整理され，現在ではウェブ公開されている。ぜひウェブサイトにアクセスしてデータを使ってみよう。

6. OECD の歴史

OECD は2011年に創立50周年を迎えた折，OECD の前身であるOEEC の時代からの歴史が回顧された。OEEC 時代から，欧州連合（EU）の前身である欧州経済共同体（EEC）とつながり，共同歩調をとっていたことがウェブサイトに明記されているので要点を紹介しておきたい。

OEEC は1948年1月に発足した。マーシャル・プランと16人会議（欧州経済協力会議）の中から，特に援助の分配を監督し，合同再建プログラムの仕事を継続するために，常設機関として設立された。本部はパリの Chateau de la Muette に置かれた。

同欧州機関は，次の原理に従う経済協力のための常設機関である。

・欧州再建のために参加諸国と各国の生産プログラムの間の協力を促進する
・関税および貿易拡大に対する他の障害を削減することによって，欧州内貿易を発展させる
・関税同盟または自由貿易地域の構築の実現可能性を研究する
・多国間での支払い・決済を研究する
・労働力利用の改善のための諸条件を達成する

マーシャル・プランは企業の「生産性カルト」（cult of productivity）の推進母体となった。生産性プログラムは1952年に OEEC

第10章 経済協力開発機構（OECD）── 125

傘下の欧州生産性局によって主にアメリカの資金によって再開された。3,000人を超す専門家と数百人の農家が，15ヶ国からなる500のチームに組織され，アメリカの工場や農場を訪問した。

1957年末，欧州原子力機関が OEEC の下に創設された。同年，OEEC は，6ヶ国共通市場と他の OEEC 加盟諸国を多国間ベースで連結する，欧州自由貿易地域を設定するための諸条件を決定する目的の交渉枠組みを提供した。1958年3月25日のローマ条約署名のあと，政府間閣僚委員会（座長 Reginald Maudling）が OEEC 理事会によって組織された。

1961年9月，OEEC は世界的機関 OECD に組織変えされた。OECD の1961年の加盟国は，OEEC の創設諸国，アメリカとカナダであった。

●OECD の歴史

1964年に日本が加盟して以来，他の国々が加盟した。日本は，OEEC 時代の開発援助グループ（Development Assistance Group, DAG）の活動に加わり，そのまま，親機関である OECD に加盟する前から，傘下の開発援助委員会（Development Assistance Committee, DAC）に参加していた。第二次大戦終結後間もなくから，日本は東アジア諸国中心に開発援助や準賠償（技術支援）を実施していたので，OECD 加盟諸国と情報を共有し協力することは自然の成り行きであった。とはいえ，日本の OECD 加盟がオーストラリア（1971年）とニュージーランド（1973年）より早いことに驚く人たちがいる。

その当時，世界の舞台では小さな役割しか果たしていなかったものの，人口の多い新興国（emerging countries）と呼ばれる国々，ブラジル，インド，中国が経済大国として登場した。以前のソビエト・ブロックの国々も共通の目標を達成するために OECD に加盟

するかその標準と原理を採用するなどしている。ロシアは OECD への加盟を目指して交渉を開始した（2014年より停止）。OECD は「参加強化」プログラムにより，ブラジル，中国，インド，インドネシア，南アフリカと密接な関係をもっている。それらの主要パートナー（key partners）とともに，世界の貿易と投資の80% を占める国々について，OECD は世界経済が直面する諸問題を捉える際に，肝要な役割を与えている。

7．国際エネルギー機関

国際エネルギー機関（International Energy Agency, IEA）は OECD 傘下に1975年に設立され，エネルギーに関する情報収集と分析，政策の提案を行ってきている。参加する要件は，備蓄基準（前年の当該国の1日当たり石油純輸入量の90日分）を満たすことである。現在の加盟国は，オーストラリア，オーストリア，ベルギー，チェコ，カナダ，デンマーク，フィンランド，フランス，ドイツ，ギリシャ，ハンガリー，アイルランド，イタリア，日本，韓国，ルクセンブルク，オランダ，ニュージーランド，ノルウェー，ポルトガル，スペイン，スウェーデン，スイス，トルコ，イギリス，アメリカである。第12章を参照のこと。

第11章
欧州連合（EU）

　欧州連合（European Union, EU）を理解するためには，その歴史を知る必要がある。

　EU は1993年にマーストリヒト条約（締結は1992年）が発効して成立し，現在は2009年12月発効のリスボン条約や他の多くの条約に基礎づけられている。もっとも，その前史は，1951年の欧州石炭鉄鋼共同体（ECSC）設立に遡る。しかし，ECSC を基礎づけたパリ条約は時限立法であったため，EU の年齢は欧州経済共同体（EEC）設立の基礎となるローマ条約が署名された1957年から数えられている。EU の本部はブリュッセルにあり，公式言語は加盟国の公式言語の合計数に近い。ホームページ（http://europa.eu/）から言語を選択できる。情報の共有と発信のため，共通政策の要点などについては「EU 解説」シリーズがウェブサイトに掲載されている。EUの日本語での情報は，駐日欧州連合代表部のウェブサイト（http://www.euinjapan.jp/）に英語での情報とともに掲載されている。

1．欧州連合（EU）の歴史

　主に P. フォンテンの『EU 解説：12のレッスン』（2014）を参照して，EU の歴史を見ておこう。EU の性格が徐々に変化し，1980年代に大きく変化していることをつかんでほしい。

　1950年 5 月 9 日，フランスの外相ロベール・シューマンが石炭鉄鋼共同体（ECSC）の設立を提案した（シューマン宣言）。そして

ECSC設立は，ベルギー，ドイツ連邦共和国，フランス，イタリア，ルクセンブルク，オランダの6ヶ国が1951年4月18日にパリ条約に調印することにより実現した。こうして，6ヶ国間の石炭と鉄鋼の共同市場が形成されてゆく。相対的に小さな国ベルギーとルクセンブルクは，フランスとドイツが戦争すると，中立宣言を出しても必ず巻き込まれていた。「石炭と鉄鋼」という武器にもなる素材を共同管理して，「三度目の大戦は絶対にしない」と平和を誓ったのであった。同時に，第二次世界大戦の戦勝国と敗戦国の双方で積極的に動いた人々がいて，対等な立場で協力することになった。ただし，パリ条約は規定により，50年後の2002年7月に失効した。

1957年5月25日，同6ヶ国がローマ条約に署名し，欧州経済共同体（EEC）と欧州原子力共同体（Euratom，ユーラトム）を設立することにした。EECは財・サービス全般の共通市場の構築を目指すことにつながってゆく。1967年7月1日，ブリュッセル条約発効により，単一閣僚理事会，単一委員会（EC委員会）が発足した。以後，3共同体は欧州共同体（European Community，EC）と総称される。

1968年7月1日，EECは6ヶ国間の関税障壁を撤廃して，欧州だけではなく**世界の専門家の注目を浴びた**（第18章第1節，特にAPECを参照のこと）。欧州内で相対的先進国であった6ヶ国の経済力はさらに強化された。EECでは1960年代から，貿易と農業についての共通政策が実行に移された。

1973年1月1日，デンマーク，アイルランド，イギリスが加盟して，欧州共同体（EC）が9ヶ国に拡大する。1975年に新しい社会・環境政策が導入され，欧州地域開発基金（ERDF）が設立された。ノルウェーは1972年1月に他の3国とともに加盟条約に調印したものの，国民投票で不参加を決めた。

1979年6月，欧州議会（European Parliament）の初の直接選挙

第11章　欧州連合（EU）── 129

が実施された。選挙は5年ごとに行われる。欧州委員会（European Commission, EC）が提案する案件を，欧州議会は多数決で採択していくことになる。欧州委員会は一国でいえば政府と行政組織を兼ねる組織に相当する。欧州議会には議案提出権はない。

　1981年にギリシャが，1986年にスペインとポルトガルが加盟する。地中海（Meditranean Sea）に接する南欧諸国に拡大したことから，地域援助プログラムの実施が重要視されるようになる。つまり，新加盟国は補助金を受けられるようになる。

　1970年代の二度にわたる石油ショックからの経済立直しが，ヨーロッパでは1980年代までずれこんでいた。しかし，1985年にジャック・ドロール（Jacques Delors）が欧州委員会議長に就任し，世界におけるヨーロッパのプレゼンス（存在感）の向上を掲げて，1993年1月1日までに単一市場を成立させるタイム・テーブルを含む白書を発表して，ヨーロッパに希望を与えたとされ，1994年までその任にあった。それ以前，ドロールはフランス社会党の経済顧問を務め，ミッテラン大統領により1981年に財務大臣に任命されていた。

　1989年11月のベルリンの壁崩壊により欧州の政治情勢は一変した。1990年10月に東西ドイツが統一され，中央・東ヨーロッパ諸国に民主主義が到来した。1991年12月にソ連は解体する。そして，EEC加盟国は新条約について交渉し，外交政策・内国安全保障についての政府間協力をさらに追加して，マーストリヒト条約にたどり着く。1993年11月1日，マーストリヒト条約に基づいてEUが発足する。これ以降，ECといえば，欧州委員会（EC）を指すことが多い。

　1995年1月1日，オーストリア，フィンランド，スウェーデンが加盟して，EUは15ヶ国になる。ヨーロッパはグローバル化がもたらす諸課題に直面する。新技術とインターネット利用が経済を一新するとともに，社会的・文化的緊張をもたらすようになったのである。1997年6月調印のアムステルダム条約には，ヨーロッパの世界

における発言力強化が含まれた。その間，EU は単一通貨を導入する準備を進め，1999年に単一通貨ユーロを帳簿上の通貨として利用開始，2002年1月1日，実際のユーロ紙幣と硬貨を導入して，12の EU 加盟国の国民通貨と置き換えた。「ユーロは今や US ドルに次ぐ主要世界通貨である」とされた。

2004年5月1日，チェコ，エストニア，キプロス，ラトヴィア，リトアニア，ハンガリー，マルタ，ポーランド，スロベニア，スロバキアの10ヶ国が加盟して，EU は25ヶ国に拡大した。加盟交渉は1997年12月に始まり，本部ビルを新築して，最大の EU 拡大（EU Enlargement）を迎えた。

2007年1月，ブルガリア，ルーマニアが加盟，2013年7月1日，クロアチアが加盟して，EU は28ヶ国になり，公式言語は24にのぼった。

2014年6月現在の加盟候補国は，トルコ，アイスランド，モンテネグロ，マケドニア，セルビア，アルバニアである。

2004年10月に署名された EU 憲法は2005年に2ヶ国の国民投票により否決されたので，代わって2007年12月13日にリスボン条約が署名されて，2009年12月1日に発効した。同条約により，EU 理事会に EU 大統領をおき，外交・安全保障問題につき EU 代表とした。

● 新規加盟の基準

1993年，EU に新規加盟するための「コペンハーゲン基準」が欧州理事会で次のように決定された。

1. 民主主義，法の支配，人権および少数民族の尊重と保護を保証する安定した諸制度を有すること（政治的基準）
2. 市場経済が機能しており EU 域内での競争力と市場力に対応するだけの能力を有すること（経済的基準）

図表11-1　EU加盟国とシェンゲン協定加盟国（EU MAG 2014/ 6 /17）

駐日欧州連合代表部ウェブサイトより　http://eumag.jp/question/f0614/

コラム5　ECSC（EU）誕生の背景

　EUの地図上で，ECSC（EU）創設の6ヶ国のサイズと位置関係を確認しよう。ベルギーとルクセンブルクは，ドイツとフランスに挟まれていて，この2国が戦争状態になると，中立宣言をしても巻き込まれてきた。

3．政治的目標ならびに経済通貨同盟を含む，加盟国としての義務を負う能力を有すること（EU法の総体の受容）

EU については，日本語でもたくさんの書物が出版されている。藤井良広『EU の知識』（日本経済新聞社）が版を重ねている。

2．EU の機構

EU は次に挙げる機関によって運営される。

1．欧州委員会（European Commission）は 1 加盟国より 1 人ずつ任命される計28人の委員で構成される。委員会の任期は 5 年で，これは欧州議会議員の任期と同じ。加盟国は欧州委員会の委員長を任命する前に欧州議会に諮問することになっており，また，欧州委員会は総体として正式の任命の前に欧州議会の承認を得なくてはならない。

2．欧州議会（European Parliament）の議員は1979年以来，直接普通選挙によって選ばれており，現在の定数は751。欧州議会は通常，毎月 1 週間，ストラスブールで本会議を開き，一部の会議と委員会の会議はブリュッセルで開かれる。欧州議会の事務局はルクセンブルクにある。

3．欧州理事会（European Council）は加盟国の元首・首脳と欧州委員会委員長で構成される首脳会議である。

4．欧州連合理事会（閣僚理事会）（The Council of European Union）は，各加盟国を代表する閣僚によって構成され，会議には議題に応じて異なる閣僚が出席する。

そして，共同体法が遵守されるように図る欧州裁判所，EU の財政管理を監査する会計監査院がある。さらに，経済的，社会的，地域的な利益を代表するいくつかの諮問機関がある。また，バランスのとれた EU の発展に寄与するプロジェクトの資金調達を円滑に進めるために欧州投資銀行が設立されている。

第11章 欧州連合（EU） —— 133

3．ユーロと経済通貨同盟

　ドロール欧州委員会委員長の下で，共通通貨導入の議論と準備が開始された。1997年のアムステルダム条約によって，ヨーロッパの発言力強化策の一環で提案され準備されてゆく。

　その結果，10年以上の準備期間を経て，ヨーロッパの12ヶ国が自国の国民通貨（national currency）に換えて，単一通貨（single currency）を導入した。

　単一通貨ユーロが1999年1月1日に誕生し，硬貨と紙幣の流通は2002年1月1日に開始し，数日のうちに140億枚超のユーロ紙幣と500億枚以上のユーロ硬貨が，ユーロ参加国で流通していたほぼ同数の紙幣と硬貨に切り替えられ，2月28日までに全切替え作業が終了したとされる。

　現在のユーロ導入国は19ヶ国。ベルギー，ドイツ，ギリシャ，スペイン，フランス，アイルランド，イタリア，キプロス，ラトビア，リトアニア，ルクセンブルク，マルタ，オランダ，オーストリア，ポルトガル，スロベニア，フィンランド，スロバキア，エストニア。

　ユーロ導入時には，国民通貨は永久に放棄するものだと了解されていた。ヨーロッパでは，ユーロ圏（the euro zone）は単一通貨圏（single currency area）とされ，東アジアなどは複数通貨圏（multicurrency area）と呼ばれることがある（第16章参照）。

4．EU 域内の交流

　EEC 時代より，EU では，単一市場（single market）の構築が宣言され続けている。単一市場は，貿易障壁を除去し，現行取引ルールを簡素化することにより，EU のすべての人（個人，消費者，

企業）にとって，加盟国とその市民を結ぶことにより生みだされる機会を最大限に生かすことを可能にすることを狙いとするとされる。

その単一市場の要は，「4つの自由」すなわち人，物，サービス，資本の自由な移動であり，これは欧州共同体条約にうたわれ，単一市場の枠組みの基礎を成すものとされる。単一市場の創設に向けて最初の一歩となったのはやはり，1968年の欧州経済共同体（EEC）6ヶ国による関税同盟の設立である。

シェンゲン協定が結ばれ，協定実施国の間では陸路・海路上の国境における出入国審査が廃止された。シェンゲン圏とEU加盟国にはずれがある。EU加盟国のうち，ブルガリア，キプロス，クロアチア，アイルランド，ルーマニア，イギリスはシェンゲン協定に参加していない。アイスランド，リヒテンシュタイン，ノルウェー，スイスがEU加盟国ではないが，シェンゲン協定に参加している。

●大学生の交流プログラム

1987年，欧州共同体（EC）は「エラスムス」プログラムをスタートさせた。これは，大学生が欧州の他の国に最長で1年間留学する資金を提供するものである。2007年までに200万人を超す若者が，エラスムスおよび他の同様のプログラムに参加した。このプログラムの名前は，15世紀から16世紀に活躍したオランダの学者で，世界的人文主義者のErasmusに由来する。学生たちの希望が「英語での授業」に偏る傾向があるため，英語を母語としない国でも「英語での授業」を増やして学生を引き付けている。また英語だけで学位が取得できる大学（既存の教育機関の改組などにより）も増えてきた。

2004年，エラスムスをEU域外に広げた「エラスムス・ムンドゥス」が始まった。これによりEU域外の学生もEU加盟国間を移動して修士および博士課程で学位を取得するプログラムへの参加が可

能となった。

　2014年1月，2014年〜2020年までの助成プログラム「エラスムス・プラス」が始まった。EUがそれまで対象年齢で分けて運営してきた支援プログラムを統合したのである。

　ぜひ，駐日欧州連合代表部のウェブサイトで最新情報を調べてみよう。将来世代の交流は素晴らしい勢いで着実に進んでいる。

5．EU問題

　筆者は2002年9月に，EU本部があるブリュッセルで，欧州共同体（EC）とEUで長年働いたあと引退したばかりのローレンス・ファン・ドゥポール氏から話を聞く機会を得た。彼の話は次のような主旨であった。「戦争が終わっても，彼より上の世代の人たちには戦争が残した（以前の敵に対する）憎しみがあり，（東西に）分断されたヨーロッパにはつねに戦争の影がつきまとっていた。そして，戦争を起こさないというだけではなく，そうした陰のある事態を打開したいという強い想いによって動かされて，EUの拡大と深化の活動にかかわってきた。その際，上の世代に（政治的に）妥協させることが何よりも重要であった。」　彼はヨーロッパ人，元EU官僚として回答してくれたようである。

　既述のように，EUについては多くの書籍が日本語でも出ている。本章でEU発表の資料を主に使ったのは，交流目的で留学してくる学生たちが学んでくることとある程度そろえようと思うからである。羽場久美子編『EU（欧州連合）を知るための63章』（明石書店，2013年）で，「マーストリヒト条約は，政府間の外交交渉だけで内容が決められた」（p.152）などという記述を見つけると，問題の深刻さとその原因の一端が伝わってくる。

　2016年6月，イギリスは国民投票により「EU離脱（Brexit）」を

選択した。イギリスは単一通貨ユーロを採用していないので，可能な選択であった。イギリスの国民は移民の多さを，金融・通貨問題の専門家はユーロ圏の制度調整の不十分さを問題とする一方で，ヨーロッパでのビジネス環境に不確実性が高まり不透明さが増すことになった。

第12章
エネルギー対策

　エネルギー問題を歴史的に振り返る時，電力供給ならびに石炭・石油・天然ガスなど化石エネルギーと呼ばれる一次資源の確保とそれらの価格が念頭におかれていることが多い。エネルギーの歴史はといえば，一次エネルギー資源の確保を目指す苦労と労力の積み重ねと，地質学的探査，一次資源の採掘・生産・輸送・利用，二次資源とされる電力の生産や送電に関する科学的知識と技術進歩に支えられてきた。

1．エネルギーと技術

　エネルギーや資源は，利用可能な技術と密接な関係がある。とりわけ初期の工業化においては，石炭の果たした役割は大きかった。石炭や石油もうまく利用されなければただの「黒い石」や「黒い水」である。しかし科学技術と製造業の進展とともに使用価値が発生すると，それらは価値あるエネルギー資源に転化し，経済取引の対象になった。

　日本での石炭利用，原子力以外のエネルギー事業はおおむね民間主導で進められてきたといえるものの，電力産業については，戦時中の「民有国営」を経て，戦後は規制産業（消費・需要については地域独占が認められる一方で，電力料金の改定には政府の認可を得ることが必要になった）となり，9つの民間大企業と政府・官僚が駆け引きをしながら成長を遂げてきたというべきであろう。電力自

由化が進むのは21世紀になってからである。

　石炭・石油・天然ガスなど化石エネルギーの確保が念頭におかれるとき，「輸出可能なほど豊富な石油の埋蔵量を領土内に有するか」，「国内に石油資源がほとんどないか」，あるいは，そのどこか中間かによって，問題の捉えられ方自体がちがってくる。さらに，エネルギー政策となると，各国でのエネルギー資源埋蔵量だけではなく，国際貿易の見通し，外交関係や国際平和への意気込み，世界のエネルギーの需要と供給，国際価格の動向によっても変わってくる。エネルギー安全保障（energy security）という概念も定着している。

● 技術と文明

　エネルギー消費は文明の発達と結びつけて語られてきた。エネルギー問題が注目されるようになる歴史的背景には，産業や交通・運輸部門での技術の進歩，電力の利用と普及，国際貿易の進展と「世界経済」の成立があるほか，旅行の大衆化など消費生活の向上も見逃せない。

　技術や技術進歩による生産活動や消費生活の歴史的変化には，言葉では伝えきれない特徴がたくさんある。アメリカのL・マンフォード（1895-1990）は，動力装置の挿絵や機械の写真を効果的に用いた『技術と文明』（1934年，リプリント1986年）を出版して，世界の注目を浴びた。同書は，西洋での技術進歩の様子とともに，日本人にとってはエネルギー問題への糸口が見えてくる。マンフォードは動力に着目して，世界経済と技術の関連について，三段階説を唱えた。

　（1）　原始技術期　おおよそ西暦1000年より1750年頃までで，動力としては，水車による水力が用いられ，燃料としては木材が使用された，水力・木材複合体の時期であった。もちろん，オランダをはじめ，風車によって風力を利用した地域もあった。二宮尊徳

第12章　エネルギー対策── 139

(1787–1856）の時代には，薪が燃料として使われ，菜種油や蝋燭
が灯りをともすのに使われていた。

（2）　**旧技術期**　動力として蒸気機関による蒸気力が用いられ，
汽車や汽船が登場し，材料としては鉄が使用される，石炭・鉄鋼複
合体の時期である。石炭を燃焼させると木材を燃やすよりも高温を
得るようになるが，木材も使われ続けていた。石炭にも燃料炭と原
料炭があることも知られるようになる。石炭と鉄鋼は鉄道業の展開
を促したほか，重火器の生産とも関係していた。幕末の日本人たち
が遭遇した西洋人たちは，この時期の技術を駆使して日本に蒸気船
で航行してきた。欧州連合（EU）の歴史をひもとけば，第二次大
戦後，石炭と鉄鋼という武器にもなる資源に対する6ヶ国共同管理
から始まったことが想起される。

（3）　**新技術期**　動力としては発電装置による電力が産み出され，
材料としては各種の合金や軽金属が使用される電気・合金複合体の
時期とされた。ただし，石油化学工業の発展にも目覚ましいものが
あり，機械を円滑に動かすための潤滑油・揮発油も生産されるよう
になる。軽金属で覆われた箱は内燃機関（エンジン）を搭載し，液
体燃料を気化して燃焼させタイヤを回転させて移動するようになり，
オートモービル（自動車）が登場した。エンジンは陸を走る自動車
だけではなく，空を飛ぶ飛行機を生み出し，船舶にも搭載されるよ
うになって，石油，それもいわゆるオクタン価の高い上質油への需
要が伸長することになった。発電には水力，石炭，石油，天然ガス
のほか，太陽光や地熱，原子力も用いられるが，液体で扱いやすい
石油については発電以外の用途に回される傾向がある。

　かくして，新技術をもつ技術者たちが起業する一方で，企業組織
の中で，新技術を生み出す研究開発部門の重要性が認識されるよう
になる。安定した電力供給は，精密機械工業や情報通信機器の発達
につながっていった。「電化」は国家経済の近代化・現代化の基盤

であり，その草創段階では一般に民間企業の創意工夫と努力によって実現され，かなり熾烈な競争を伴っていた。電力業は工業一般の発達と歩調を合わせ，送電施設の信頼性が向上すると，それが規模の経済性のあるネットワーク・インフラ型産業であるという特質が明白になる。すると，電力の供給は公益事業であるとみなされ，社会的な統制や規制の対象となった。

●技術進歩と消費生活の変化

エネルギー問題と真剣に取り組んだ経済学者といえば，雁行形態論で技術伝播（技術移転）に注目した赤松要（1896—1974）が挙げられる。赤松編『新世界経済年報』第9集（1942年）の中に，技術進歩や国際貿易の進展，消費生活の向上（赤松いわく「生活力」の発展）が，エネルギー問題の発生につながるという議論が盛り込まれているので，それをわかりやすく抽出してみよう。

そもそも国際貿易の基本的条件をまとめると，一方で国境を越えて人や物を運ぶ国際的交通・運輸サービスが提供されうる可能性が存在し，他方で各国経済の生産構造あるいは消費構造に差異が存在することであった。赤松は，国際貿易や交通・運輸サービスが展開して，世界経済が成立したと捉えていた。そして一部の国々がブロック化を始めたり，各国間の緊張が高まったりすると，2国間の貿易構造に焦点をおいて分析するだけではなく，エネルギーや鉱物・金属資源の確保を視野に入れた広域経済の構築を目指す政策が構想されるようになる。

まず，外国の製品や原料・食料，サービスに対する需要は，交通技術が進歩するにつれて増加する傾向にあった。その際，交通機関の輸送能力の増強だけではなく，文化水準の向上（欲望充足全体の技術化および物量の増大）も，外国の財やサービスに対する需要増加に寄与していた。とはいえ，国際貿易の推進力の基礎には，各国

経済の生産・経済構造の差異もあり，その差異はといえば，各国の政策・規制，自然や気候，天然資源の分布の相違により生ずることはもちろんであるが，より重要な動因として各国の産業化の程度に差異があるとされた。

世界経済は各国経済の交易関係の場であり，世界経済の成立と発展は各国経済の生産力の発展によってもたらされる。ここで，赤松は各国経済の「生活力」に注目する。生活力は文化や伝統に基礎をおきながらも，新しい知識や技術によって発展しうるのであった。そして各国経済の生活力の発展はといえば，一方で交通技術の進歩によって外延的に伸長するとともに，他方で産業技術の進歩によって内包的に発展する。交通技術と産業技術の進歩が各国経済の生活力の発展を媒介し，各国経済の生活力の発展が相互に依存しあいながら世界経済は成立し発展する。赤松は，世界経済成立の基礎には交通技術と産業技術の進歩がなければならない一方で，これらの技術の進歩が世界経済の構造変動をもたらすものだと主張した。すなわち，各国経済においていかなる産業ならびに交通技術が採用されるか，および，その両者の関係如何によって工業化および広域化に均衡や不均衡が生じるのであった。赤松の主張をやさしく表現すれば，「技術の革命的進歩が各企業が管理する秘密のベールの下で進行し，世界経済は新製品の生産開始により異質化したり，同種の技術の伝播により同質化したりして，その結果，世界経済に大変動が起こる」のであった。

●交通技術の進歩

赤松は，小島清との共著『世界経済と技術』（1943）において，「交通技術の進歩と世界経済の発展」を議論し，資源経済学や広域経済論を展開した。そこでは，マンフォードの新技術期の議論を踏まえた上で，近代技術の登場が20世紀においてエネルギー・鉱物資

源問題を発生させ，ブロック経済あるいは広域経済の構築へ，そして第二次世界大戦へとつながったことが論じられた。

　　技術は木材と風力との原始的技術期，鉄と石炭との旧技術期を経て今や合金と石油，電機の新技術期に入つた。この新技術期に発達せる交通技術即ち世界経済発展の手段の一たる新交通技術は電気機関と内燃機関とである。……かゝる新しい交通技術は新しい資源を要求し開発した。石油，ゴム，錫等これである。国際的不安は各強国を駆つて資源の獲得に狂奔せしめた。石油争奪戦はその集中的表現であり，それがまた広域経済建設への直接的動因であり第二次世界大戦の導火線であつたのである。(p.164)

　赤松と小島はこうした認識に基づいて，20世紀に一挙に展開した新しい交通技術である自動車，内燃船舶，飛行機の特性に注目し，これらが放った国際関係上の意義に着目した。これら新交通技術は，第1に国防と直接結びつき，第2に新しい資源問題，特に石油問題と結びついた。そして第3には，新交通技術そのものが広域経済の紐帯として欠くべからざるものになっていくと予想された。
　世界を見渡すと，石油資源の分布が公平ではないことが，多くの解決しがたい問題をはらんでいた。当時のアメリカは輸出能力をもつほどに石油を産出していたが，他の主要強国では石油不足が深刻で，広域経済圏の確立に向かい，2回目の世界大戦に突入したのであった。当時の日本では，「油の一滴は血の一滴」であり，「石油を支配するものが世界を支配する」に至ると真剣に考えられていた(p.175)。石油ショック直後の1974年には，赤松要世界経済研究協会理事長・産官学協力の『1985年世界貿易長期展望プロジェクト』の下，板垣与一監修『世界の資源と日本経済』（至誠堂）が公刊された。2007年の『エネルギー白書』の冒頭では「油の一滴は血の一

第12章　エネルギー対策——　143

滴」が繰り返され，天然資源に限りのある21世紀の地球社会にとって，技術力は20世紀以上に重要になっている。

2．エネルギー事情の変化

　有沢広巳（1896-1988）もエネルギー問題と熱心に取り組んだ経済学者であった。終戦直後の日本経済の再建のために傾斜生産方式を提唱したときには，石炭と鉄鋼の生産に資源を傾斜させて迂回生産のメリットを活用すべしと考えた。彼はその後も政府の産業政策関連の審議会等に関わった。

　1961年10月3日から約6週間，有沢は欧州石油調査団の団長として，イギリス，イタリア，フランス，西ドイツおよび欧州経済協力機関（OEEC，1961年にOECDに改組）の石油産業の動向と石油政策について調査した。欧州では石油産業の目覚ましい展開によって，エネルギーの消費構造は変化しつつあった。調査報告書は有沢編『エネルギー政策の新段階：欧州のエネルギー革命』（ダイヤモンド社，1963年）として出版され，石油の採掘・生産・輸送（パイプライン等）の分野での瞠目すべき技術進歩が伝えられた。日本では1962年10月に原油輸入が自由化されると，石炭から石油へのシフトが欧州以上のテンポで進み，エネルギー革命が進行した（21世紀に入り，途上国の経済成長とともに，石炭に対する需要も著増している）。

　有沢は編著『日本のエネルギー問題』（岩波書店，1963年）において，「エネルギーは光，熱，動力源として，一国の文明が発達すればするほど，工業化が進めば進むほど，ますますその重要性を加えつつある。エネルギー消費量が文明の尺度であり，経済発展の指標であるとみられている」（はしがき）とした。次いで中村隆英，高橋毅夫，板倉忠雄が，経済発展とエネルギー，エネルギー産業の

構造や問題を論じた。最後に，OEEC の A. ロビンソン報告「欧州
における新しいエネルギー構造をめざして」（1960年）が詳論され，
電気エネルギーによる生産力の上昇，消費生活の変化・向上といっ
た恩恵が社会に広く及ぶことが期待されていたことがうかがえる。

　1970年 9 月19日から 6 週間にわたる海外エネルギー事情調査団の
活動でも，有沢は団長を務めた。この時には，欧米諸国と中東諸国
が調査対象であった。報告書（1971年）には，石油輸出国機構
（OPEC，1960年設立），1973年の石油ショックの震源アラブ石油輸
出国機構（OAPEC，1969年創設）の動向も含まれた。有沢はエネ
ルギー問題から原子力の平和利用に足を踏み入れ，原子力委員会で
は1956年の発足当初から委員・委員長代理を務めた。彼は動力炉・
核燃料開発事業団の設立や，原子力利用長期計画の策定などに多大
の功績を残したとされる。1973年には原子力安全研究協会の理事長，
原子力産業会議の会長に就任し，彼は原子力を産業的に確立するこ
とに意気込みを示した。1974年に原子動力実験船「むつ」が海上で
の原子炉の初臨界達成の後，放射線漏れを起こして修理に入ったも
のの，原子力開発（と省エネルギー）の研究，技術進歩は着々と進
んでゆく。

● **エネルギー・鉱物資源政策**

　エネルギー・鉱物などの天然資源は世界に偏在するため，標題の
政策は，当該国に埋蔵されるエネルギー・鉱物資源の賦存状態，政
府政策の歴史的経緯に大きく依存する。日本は天然資源の埋蔵量が
極端に少なく，大半を海外からの輸入に頼っているという特徴をも
つ。そのため，日本の工業化・近代化はその開始当初こそ石炭を輸
出することができたが，石炭や石灰石以外の資源については輸入に
大きく依存することになり，同時に貿易収支バランスを維持するた
めの輸出振興が行われてきた。日本は戦後に石炭，鉄鋼，肥料の生

産に重点をおく傾斜生産方式を行ったが，総合商社を復活させ，1960年頃に流体革命にふみきった。

1973年の石油ショック後，石油輸入先を多様化し，天然ガスの利用を促進した。2004年6月の北京フォーラム（北京師範大学）では，エネルギーのトランスナショナルな安全保障協力の必要性が議論された。日本の課題には，東アジアでの省エネルギー・環境対策，国際エネルギー機関（IEA）や北東アジアとの研究開発協力がある。

一般財団法人日本エネルギー経済研究所（エネ研，1966年設立，http://eneken.ieej.or.jp/）がエネルギー諸般の問題の情報収集と分析を行い，必要に応じて基礎的データ，情報，レポートを関係者に提供している。エネ研と国際エネルギー機関（IEA）が協力して，2007年に初めて，中国とインドのエネルギー需給動向を含めた分析を行い，『アジア／世界エネルギーアウトルック2007─中国・インドのエネルギー展望を中心に─』を発表した。

エネルギーの将来に至る需給バランスを予測する際には，エネルギー技術の進歩をめぐって通常2つのケースがおかれる。1つは「レファレンス・ケース」で，これまで通りの経済成長率と技術進歩率を想定し，「現時点における経済・社会情勢，政策等を踏まえ，より現実性の高い将来エネルギー需給」を予測するのである。たいていはこれまで通りのエネルギー技術の進歩速度であれば，供給が需要に追いつくのは困難な予想が出てくる。そこで，もう1つの「技術進展ケース」が想定され，上のアウトルックでは，中国，インドを中心としたアジア各国がいっそうのエネルギー安定供給確保や地球温暖化抑制に向けた省エネルギー・環境対策を採用した際のエネルギー需給へのインパクトを予測したのである。見方を変えれば，どのくらいの省エネルギー技術の進歩があれば，増大するエネルギー需要に供給が対応できるかを示しているように見える。

2007年，IEAが原子力発電の利用について，消極姿勢から積極

姿勢に，方針を変更したことは特筆に値する。IEAはアジアのエネルギー事情が解明されるまでは反対姿勢をとっていた。他の途上国でも経済成長が視野に入ってきており，エネルギー資源の争奪戦を回避し，二酸化炭素の排出を抑制するためには，原発の導入はやむなしとの方針転換となったのである。

その前年2006年から，日中省エネルギー・環境総合フォーラムが，2013年を除いて毎年，東京と北京で交互開催されていることも注目される。主催者は，経済産業省，財団法人日中経済協会，中国国家発展・改革委員会，中国商務部であり，両大使館も適宜参加する。第7回フォーラムは2012年8月8日に開催されたが，9月に中国で反日デモがあって交流行事が中止され，第8回フォーラムは2014年12月下旬の開催となった。当初，中国側では国家発展・改革委員会がファクスで要望の提出を受けて，ビジネスマッチングを行っていた。現在ではウェブサイトが効果的に利用されているようだ。中国現地視察や省エネ日本企業の視察も実施されてきた。

3. 最近の日本のエネルギー政策

1967年，石油開発公団が石油開発公団法に基づいて設立された。1978年の公団法改正で，石油公団と改称し，公団自身が石油国家備蓄を担うことになり，天然ガス開発も主要な射程に入った。

2002年7月に公布された「独立行政法人石油天然ガス・金属鉱物資源機構法」に基づき，2004年2月29日，独立行政法人 石油天然ガス・金属鉱物資源機構（JOGMEC）が設立された。

2002年6月，最初のエネルギー政策基本法が発表された。2004年から『エネルギー白書』が毎年刊行され，経済産業省ウェブサイトからダウンロード可能である。2004年は中国の経済成長とエネルギー需要の急伸長が注目され始めた年である。

2011年3月11日の東日本大震災と福島原発の津波による事故は，エネルギー事情にいくらか影響を及ぼし，2014年4月に新しいエネルギー基本計画が閣議決定された。原子力発電をベースロード電源と位置付けた。

● 原油価格の決定要因

2009年の『エネルギー白書』にある，原油価格の騰落要因の分析は興味深い。

原油先物市場の動向を見ると，2004年の需要急増，2007年のサブプライム・ローン問題顕在化，2008年9月の金融危機をターニングポイントとして原油価格をめぐる情勢は大きく変化した。異常事態を観察することによって，原油価格決定の要因が図表のように整理された。

図表12-1 原油価格の決定要因

原油価格の動向は，需給ファンダメンタルズとプレミアムに依存すると考えられる。

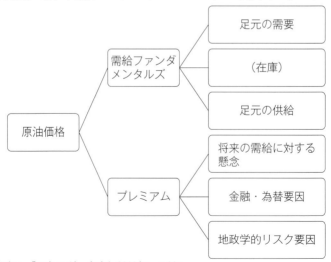

参考：『エネルギー白書』2009年，p.201。

『エネルギー白書』（2015年）には，シェール革命の動向が特集された。シェール（shale）とは，頁岩という，泥が固まった岩石のうち，薄片状に剥がれやすい性質をもつ岩石のことである。シェール層の岩石の隙間にオイルやガスが存在することは70年くらい前にも知られていたが，アメリカでの技術進歩により，それらをビジネスベースで取り出すことに成功した。

第13章
地球環境問題

　グローバル・レベルの環境問題の研究には，観察・観測，コンピュータ・シミュレーション，未来予測をするための想像力が不可欠である。気候変動モデルを構築する際には，何を想定に置くのか，また何を説明変数に置くのかが重要になるが，観察技術やコンピュータ自体の性能が飛躍的に進歩して，研究過程に目を見張る影響を及ぼしてきた。そして，人工衛星による観察データが加わり，情報通信技術の進歩は科学者たちの情報交換と共通認識形成を安価で容易にした。いくつかの流れがあるかもしれないが，本書では2つの流れに注目しておきたい。

1．ローマクラブ・レポート『成長の限界』

　1つは，1972年のローマクラブの問題提起であり，『成長の限界—「人類の危機」レポート—』（大来佐武郎監訳，ダイヤモンド社，1972年）から始まるレポートである。日本では，ローマクラブ常任委員会メンバーの1人に大来佐武郎がいたことからよく知られている。

　日本語の解説によれば，ローマクラブは1970年3月にスイス法人として設立された民間組織で，世界各国の科学者，経済学者，プランナー，教育者，経営者などから構成された。1968年4月，ローマで最初の会合を開催したことにちなみ，ローマクラブと名づけられた。日本には経済協力開発機構（OECD）日本代表部を通じて接触

があり，大来佐武郎（当時，日本経済研究センター理事長），大学所属の研究者，経済人が参加した。同クラブは，天然資源の枯渇化，公害や廃棄物による環境汚染の拡大，発展途上国における「爆発的」人口増加，軍拡競争による大量破壊兵器の増進などを，人類を危機に陥れる深刻な挑戦と認識して，人類として回避する道を探求することを目的として設立された。

　実際に研究を遂行してきたのは，米マサチューセッツ工科大学（MIT）のドネラ・H・メドウズ，デニス・L・メドウズ，ヨルゲン・ランダース，W.W.ベアランズ３世たちと彼らのグループである。彼らは世界モデルを使って，未来についてコンピュータ・シミュレーションを行った。彼らの世界モデルは，「世界的関心事である５つの大きな傾向——加速度的に進みつつある工業化，急速な人口増加，広範に広がっている栄養不足，天然資源の枯渇，および環境の悪化——を分析するため」に作られた（p.8）。研究の基礎となる５つの要素——人口，食糧生産，工業化，汚染，および再生不可能な天然資源の消費——はすべて増大しつつあり，いわゆる「幾何級数的成長」パタンに従っているとした（p.13）。作業がまだ暫定的な状態にあると断り，対立する見解を紹介しながらも，早急な対策を要するとの判断から，次のような結論を披歴して，大いに注目されたのであった。

（1）　世界人口，工業化，汚染，食糧生産，および資源の利用の現在の成長率が不変のまま続くならば，来るべき100年以内に地球上の成長は限界点に到達するであろう。もっとも起こる見込みの強い結末は，人口と工業力がかなり突然，制御不可能に減少することであろう。

（2）　こうした成長の趨勢を変更し，将来，長期にわたって持続可能な生態学的ならびに経済的な安定性を打ち立てることは可能である。この全般的な均衡状態は，地球上のすべての人の基本

的な物質的必要が満たされ，すべての人が個人としての人間的
な能力を実現する平等な機会をもつように設計しうるであろう。
（３）もしも世界中の人々が第一の結末ではなくて第二の結末にい
たるために努力することを決意するならば，その達成するため
に行動を開始するのが早ければ早いほど，それに成功する機会
は大きいであろう。

メドウズたちは1960年代の世界的経済成長路線から，人口増加ゼ
ロ・経済成長ゼロの路線への大きな転換を提唱したのである。『成
長の限界』の第１章と第２章では，幾何級数的成長の特徴と限界が
語られ，再生不可能な天然資源の表（「資源表」pp.4－5）が掲載
された。成長の限界をなすとみなされた，水銀，錫，石油，銅，ア
ルミニウム，金，銀，天然ガスなど19の資源について，現存埋蔵量
や枯渇までの予想年数（静態時，指数的成長時）が示された。しか
し，このレポートの予測は外れた。

　第４章で，それまでの世界を振り返り，技術進歩によって経済成
長・発展がもたらされてきたことを認めながらも，今後，一層の
「幾何級数的」技術進歩が起こると想定することは，技術的楽観主
義に過ぎるとの判断であった。楽観主義者とみなされた３人の見解
が紹介されているが，フランク・ノウテスタインの次の発言は，そ
の後の展開について最も的確な予測を示したといえよう。

　　原料及びエネルギーのいずれにおいても，価格構造の変化，技
　術進歩，汚染抑制等によって解決できない実質的な限界は予想し
　えない。（Frank W. Notestein, 'Zero Population Growth: What is
　it?' *Family Planning Perspective* 2, June 1970, p.20）

　メドウズたちは，市場メカニズムの作用について極めて懐疑的で
あった。価格構造の変化をほとんど考慮しなかったため，成長の破

局が突然来るような予測になったことも指摘されよう。

　日本では，1960年代後半にすでに経済成長に伴う公害問題が憂慮されるようになっており，1973年秋の第一次石油危機の発生と重なり，グローバル・レベルでの原料資源問題と公害問題について警鐘を鳴らした書物として受け止められていた。

　この３人の『限界を超えて：生きるための選択』（茅陽一監訳，ダイヤモンド社，1992年）では，1972年に予測したような限界をすでに超えて経済成長が進んでいるとの判断が示された。彼らは技術革新と市場メカニズムの作用を認めたのであるが，その後も技術革新と市場メカニズムの作用で破局を避けられるかについては相変わらず懐疑的であった。

　ドネラ・H・メドウズ，デニス・L・メドウズ，ヨルゲン・ランダースの『成長の限界：人類の選択』（枝廣淳子訳，ダイヤモンド社，2005年）は，最初のレポートを公表してからの30年を振り返っている。中国やインドなどの途上国に経済成長の勢いが観察されるようになった時期であったので，改めて成長に対する懐疑の視点が提示された。というのも，B.シュナイダーのレポート『国際援助の限界：ローマクラブ・リポート』（田草川弘・日比野正明訳，朝日新聞社，1996年）が公表された時点では，途上国の経済発展が遅い一方，先進国側に「援助疲れ」が見えていた。しかしこの時期，民間企業による海外直接投資（FDI）が一部途上国の経済発展に貢献しつつあったのである。

２．気候変動に関する政府間パネル（IPCC）

　グローバル・レベルの環境問題研究のもう１つの流れは，IPCC（Intergovernmental Panel on Climate Change, http://www.ipcc.ch/）に連なる研究である。IPCC は科学者たちの協力を得て，

1989年に世界気象機関（World Meteorological Organization, WMO）と国連環境計画（UN Environment Program, UNEP）という2つの国際機関によって設立され，1992年の国連気候変動枠組み条約（UN Framework Convention on Climate Change, UNFCCC）の採択（1994年発効）に決定的な役割を果たす。究極目標は「大気中の温室効果ガスの濃度を安定化させる」ことである。1997年の京都議定書（後述）採択あたりで，日本でもよく知られるようになった。

　ダニエル・ヤーギンのエネルギー問題の書『探求』（原書2011年，伏見威蕃訳，ダイヤモンド社）の第4部「気候とCO_2」にIPCCの設立と活動につながる前史が描かれている。石炭，石油，天然ガス，薪などの可燃物の燃焼が，二酸化炭素（CO_2）その他の温室効果ガスを発生させるので，気候変動と地球温暖化という論点がエネルギー政治を変化させているのである。産業革命以降に築かれてきた文明は，炭化水素の基盤の上にある。

　　CO_2その他の温室効果ガスがなかったら，地表を離れていく赤外線は果てしない宇宙へ戻ってしまい，夜の大気は凍り付いて，地球は寒く生命のない場所になっていたはずだ。温室効果ガスは熱の一部を赤外線という形で閉じ込め，大気中に循環させる。温室効果ガスがバランスを保ってくれる御蔭で，気温は極端な高温や低温になることがなく，地球は生息可能――というより，生存に適した環境になっている。そのバランスこそが，気候変動の重要な争点になっている。平均気温がわずか2−3度上昇するだけで，大変な惨状が起きるのではないかと恐れられている。（p.63）

　CO_2のレベルは，グラフではっきり示される。産業革命以降，CO_2濃度が上昇していることが，右上がりの曲線で表現されるよ

うになるには，２つの貢献がある。１つは，キーリング（Charles David Keeling）が，ハワイ島の火山マウナロアの山頂近くの安定した大気の中の気象観測所で，CO_2濃度が増加する傾向があることを発見したことである。1959年の平均濃度は316 ppm，1970年には325 ppm，1990年には354 ppm であった。大気中の CO_2 レベル上昇を示す曲線は「キーリング曲線」と呼ばれるようになり，「温室効果の重要な象徴」となった（p.63）。もう１つは，1980年代，南極奥地にあるソ連の観測基地ボストークで，地中深くから回収されたアイスコア（氷床コア）の分析である。放射性炭素の年代測定により，そこに閉じ込められた小さな気泡は数千年前の大気であり，丹念な研究の末，産業革命の時代は CO_2 の濃度がずっと低く，275ppm ないし280ppm だったことがわかったのである（p.97）。

「キーリング曲線」「Keeling Curve」でウェブ検索をしてみよう。

1967年，地球流体力学研究所（GFDL）の真鍋叔郎と R. ウェザラルドが，「CO_2 の倍増は地球の気温を２度ないし３度上昇させる」という仮説を『大気科学誌』に発表した。この予測は，地球温暖化の議論で定説になり，さらに発火点になった。GFDL は，現在では海洋大気圏局に属するが，当初はプリンストン大学に属し，「電子計算の父」とも呼ばれるジョン・フォン・ノイマンのコンピュータ研究開発とその応用プロジェクトに端を発する。当時のコンピュータは，研究実験室を１つ占拠するくらいのサイズで発熱し性能が低かった（第２章参照）。

真鍋は「最も辣腕の気候モデル作成者」とされ，コンピュータを駆使して，「雲，水蒸気，オゾン，CO_2 にモデルがどれほど敏感に反応するか」を確かめてみた。そうした量を変化させてシミュレーションした結果，「CO_2 が重要だということがわかった」という（p.94）。1988年６月23日に，猛暑の中，米上院で地球温暖化に関する公聴会が開かれ，真鍋と，NASA ゴダード宇宙科学研究所所長

第13章 地球環境問題—— 155

のジェームズ・ハンセンが証言した。そしてアメリカでは，環境問題が科学から政策の分野に移ってゆく（pp.101-102）。

1992年6月，リオデジャネイロで地球サミットが開催された。同年4月には，温室効果ガス会議で「温室効果ガスの安定化」で合意に達していた。もっとも数値目標の設定はなかった。リオ地球サミットの最終日の前日，国連気候変動枠組み条約（UNFCCC）が調印された（1994年発効）。

1997年の京都議定書が提起したメカニズムでは，「市場を使って環境問題を解決する」という着想が基礎になっていた。その想源は，経済学者のロナルド・コースの議論にあったとされている。コースは国有企業と規制を研究して，それらが全体として非効率的であるとし，市場と価格決定システムは，政府の直接の干渉や統制よりもよい結果を出す，と論じていた。コースは汚染の売買について述べたことはないが，その着想はあったとされている。後の人々がコースの議論を想源として，汚染や排出の売買の方が規制より効率的であるとの議論を展開していった。

1980年代，アメリカで，ガソリンから毒性のある鉛を除去する決定がなされた。有鉛ガソリンの段階的廃止が計画され，製油会社は鉛使用の「許可」を同業他社と売買することを許された。それが経済的インセンティブになり，業者は義務付けられてやるよりも早く鉛を除去することにつながり，市場を基本とする解決策の一例となった。1990年11月，ジョージ・ブッシュ大統領は，大気清浄法改正案に署名した。同法第Ⅳ編により，酸性雨を減らすための排出権取引システムが確立された。上限（キャップ）を次第に圧縮する（毎年排出量を減らす）ことにより，規制を行った場合の予想よりも早く，硫黄酸化物の削減につながったとされている。

IPCCは1990年代初頭に動き出していた。1995年の第2次IPCC報告書は，「証拠を比較検討した結果，識別可能な人為的影響が全

球機構に表れていることが示唆される」と宣言した。また，現在の経済成長や技術進歩がそのまま続くとすれば，地球全体の気温は2100年までに２度上昇するとの推定も添えた。しかし，CO_2排出削減が実施される可能性が高まってくると，途上国には経済成長に課せられる制約と捉えられるようになり，「不公平・不衡平である」と反対が起こり始めた。途上国と先進国との対立は，リオ会議を補うためにベルリンで開催された1995年の第１回締約国会議（COP１）での主要議題となり，日本人がよく知る COP３につながってゆく。

　1997年に京都で開かれた第３回締約国会議（COP３）において，温暖化防止行動の具体化のため，**京都議定書**（Kyoto Protocol）が採択され，2005年２月に発効した。同議定書では，対象温室効果ガスとしてCO_2，メタン（CH_4），一酸化二窒素（NO_2），代替フロン等３ガス（HFCs，PFCs，SF_6）の６種類を規定し，同議定書の附属書Ⅰに記載された先進国等（附属書Ⅰ国）が，それぞれ基準年（原則として1990年。ただし代替フロン等３ガスについては1995年を基準年とすることもできる）の温室効果ガス削減約束が設定され，第一約束期間（2008年から2012年）の１年当たりの平均排出量において，その約束を達成することになった。そして，京都メカニズムと呼ばれるクリーン開発メカニズム，共同実施，排出量取引という３つの仕組みが規定された（環境省ウェブサイト）。

　アメリカは温暖化ガス排出削減義務が先進国にだけ課され，途上国には義務を課さない約束に反対し，批准しなかった。オーストラリアは当初批准しなかったが，深刻な干ばつに直面したのを契機に，政権交代を経て批准に至った。日本は2011年３月11日の東日本大震災・津波による原子力発電施設破損のあと，（CO_2を排出しない）原子力発電所の運転が止まることになり，脱退した。

　締約国会議は毎年11-12月に開催され，途上国にも義務を課す協

定の作成が目標となっていた。中国とインドの大気汚染は，世界中から注目されるようになった。そこに暮らす人々の健康にも影響は及んでいる。

2015年12月，パリで第21回締約国会議（COP21）が開催され，途上国を含む196ヶ国・地域が参加して，2020年以降の地球温暖化対策の国際的枠組みが合意された（パリ協定）。産業革命前からの世界の気温上昇を2度未満に抑えることを目標とし，各国が1.5度に抑えるよう努力し，今世紀後半には，温暖化ガスの排出量を「実質ゼロ」にするのである。そして各国は，温暖化ガス削減に向けた諸目標を国連に提出する義務を負う。目標達成の義務づけは見送られたが，目標の引き上げに向けて各国は5年ごとに見直し，世界全体で進捗状況を検証することになった。先進国には途上国への資金援助を義務づけ，その他の国も自主的に提供することを推奨した。

2016年末の主要国・地域の温暖化ガス削減目標は次のとおりである。

アメリカ	2025年に26～28%	（基準年）2005年
中国	2030年にGDP当り60～65%	2005年
日本	2030年に26%	2013年
EU	2030年に少なくとも40%	1990年
インド	2030年にGDP当り33～35%	2005年
ロシア	2030年に25～30%	1990年

締約国会議は今後も毎年続く。関連して，NPO世界自然保護基金（World Wide Fund for Nature，WWF）等の活動に注目してよい。

第14章
貿易摩擦と日本

　日本が1970年代末から経験した貿易摩擦は，それ以前のものとは質的に異なっていた。日本の経常収支が大幅な黒字を示していたことだけではなく，西側欧米諸国と東南アジア諸国連合（ASEAN）の各国別の経常収支における黒字までが批判の的とされた。韓国に対しては，不公正貿易の批判をするという初めての経験をした。アメリカやフランスとの間では，安全保障や将来の技術開発に絡む問題として，先端工業製品の輸出が摩擦の対象となった。1990年代以降，日本では規制の緩和・改革が始まり，国際間の経済制度の調整が意識されている。

1. 欧州共同体との貿易摩擦

　西ヨーロッパ諸国は欧州共同体委員会（EC委員会）を窓口にして，日本との貿易摩擦の処理に当たり始めた。1970年代には，日本側が幾度かの対欧鉄鋼輸出自主規制を実施したほか，EC委員会は日本製ベアリングも監視対象としていた。1980年代に入ると，日欧貿易摩擦は，日本製自動車，カラーテレビ，一部工作機械などにまで対象を広げ，EC委員会は1980年にはOECD造船部会で日本への受注抑制を要求し，1981年以降には対日要求リストを幾度か提出した。1982年にはフランスが，日本製VTR（ビデオ・カセット・レコーダー）の輸入通関手続きをポアチエ税関事務所に限定した。

　EC委員会は一方で，1974年に駐日EC委員会代表部を設立した。

駐日EC委員会代表部は日本においてEC委員会を代表し，交渉の第一の窓口として機能した。1979年には，EC委員会は，欧州議会と欧州評議会の支持を得て，経団連の協力のもとビジネスマン日本研修プログラム（The Executive Training Programme）を開始した（2006年からは早稲田大学商学研究科他のコンソーシアムが担当）。「日本市場に参入するには長期にわたる努力が必要である」という認識から，EUの中堅輸出企業が日本市場にアクセスするための手助けを始めたのである。

EC委員会代表部は1990年に駐日大使の地位を授与され，1993年11月以降，欧州委員会代表部，欧州連合（EU）代表部と名称変更され，その機能は引き継がれている。現在ではその任務は，「日本においてEUを代表し，その利益および価値を促進し，進展させること」，「日本とEU間の政治，経済，文化，教育，科学，その他の分野における協力を発展，強化させること」，「必要に応じ，日本との協力を通じてEUが世界中で，また地域において，その利益および価値をより良く促進・進展させるよう努めること」である（駐日欧州連合代表部ホームページ 2017/02/16）。

2．アメリカとの貿易摩擦（半導体産業）

1970年代までにも日米間で貿易摩擦は繰り返しあったものの，1970年代末になると質的な変化が起こっていた。1970年代初頭までは労働集約産業の繊維製品などが恒常的な貿易摩擦対象であったが，1970年代には鉄鋼が，1980年代には日本製自動車が貿易摩擦の対象となった。1970年代半ば以降，集積回路（IC）の世界市場におけるアメリカ企業のシェアが落ち，日本企業のシェアが伸びていた。

1979年にアメリカ通商委員会（U.S. International Trade Commission）は「日本の市場シェア増加の大半はアメリカの生産者か

ら奪ったものである」という結論を出していたが，さらに大規模集
積回路メモリーについてはアメリカ国内市場でも，日本製品が占め
る割合がかなりの大きさになっていた（Borrus, Millstein, and Zys-
man 1982：1）。アメリカは，国内の半導体工業会（Semiconduc-
tor Industry Association）からの圧力を受けて，日本に対して攻撃
的な姿勢で臨んできた。

　アメリカの半導体産業はというと，初期時点では軍事や宇宙開発
などの**政府調達**によって育成されてきており，民生需要が展開する
ようになった後にも，民生用の工業製品の中に革新的技術が埋め込
まれてきただけではなく，先端的研究開発では政府調達が重要な役
割を果たし続けてきた。かくして，日米貿易摩擦は，先端科学技術
開発において日米の政府が果たしてきた役割の相違が絡んだ問題と
しても立ち現れることになった。

　1979年6月の牛場・ストラウス共同声明では，政府調達に関する
問題が取り上げられた。さらに，その直後から一部のアメリカ人た
ちが危惧した以上に深刻な事態——国内所得や輸入を内生変数とす
る国際マクロ経済学だけでは説明のつかない事態——が発生し，貿
易摩擦の問題も大きく膨らむことになった。換言すれば，マクロ経
済学のみに基づいて議論をすると，問題の本質を見誤ることになる。

　アメリカを代表する国際経済学者の R.Z. ローレンスが「アメリ
カ産業構造の諸変化」（Lawrence 1986）において，次のように問
題状況を述べていた。「1979-82年に，アメリカの製造業に就く労
働者の数が10.4％減少し，1943-46年に戦時経済に対する動員が解
除された時以来，最大の減少幅となった」（Lawrence 1986：3）。

　脱工業化・サービス経済化の趨勢を考慮しても，その減少幅は憂
慮に値するものであった。さらに，通常の国際マクロ経済学の理論
によれば，国内景気が後退する時には，国内の所得ひいては購買力
が減少するので，海外からの工業製品輸入も減少するはずであった。

第14章　貿易摩擦と日本—— 161

そして，海外の景気がよく輸出市場が拡大していれば，ある国からの輸出も増加し，逆の場合には減少するはずであった。「しかし，現実には，1980-82年にかけて，アメリカの工業製品輸入は景気後退にもかかわらず8.3%も上昇したのであり，海外の輸出市場が5.3%成長したにもかかわらず，アメリカの工業製品輸出は17.5%下落したのであった」（Lawrence 1986：3）。

アメリカの経済学者たちにとって，国内購買力の低下が工業製品輸入を減少させる以上にその輸入を大幅に増加させた原因，そして，海外輸出市場の成長がアメリカの工業製品輸出を増加させる以上にその輸出を減少させた原因を解明することが緊急課題となった。そして，彼らは日本の市場閉鎖性，特殊な政策，政府調達法を指摘し始めた。政府調達の問題は，GATT東京ラウンドに提出され，1981年に最初の協定が成立し，のちに改定される（第9章参照）。

● 戦略的通商政策論

1984年10月，米国輸出入銀行（1934年設立）の創立50周年を記念する国際会議が開催された。同会議に先立って，経済学者のP. クルーグマンは，組織者のアライド・シグナルズ（Allied-Singals）社のR.A. メイゾンと米国輸出入銀行のR.M. ロドリゲスから，「本質的に見方が異なる一方で，国際貿易に関する既存の知恵に挑戦する意思があるという点では一致できるような専門家グループの論文を招待するように」依頼された（Krugman ed. 1986：まえがき）。そして，学界に身をおいて通商政策を考察の対象とする経済学者や政治学者のグループと，日常的に通商政策とかかわりをもつ政府高官や財界代表たちが一堂に会することになった。その成果は，クルーグマン編『戦略的通商政策と新しい国際経済学』（1986年）として出版され，伝統的自由貿易論に代わって，ゲーム理論に基づく国際政治経済学の分野が広く注目される契機となった。理論構築の

際には，国境を越えて活動する少数の大企業が世界市場でシェア争いを繰り広げている状態が前提におかれた。その背景には，アメリカの多国籍企業にとって世界市場で競争相手となる大企業が外国から出現し，したがって，アメリカの世界経済における地位にも変化があったという共通認識があった。特に念頭におかれたのは，プラスの外部効果が大きいと目される半導体産業であり，標的は日本であった。

『戦略的通商政策と新しい国際経済学』のいくつかの章には，日本経済や日本の産業政策の研究，関連して幼稚産業保護論の検討が含まれた。アメリカの日本研究者たちが注目し始めていた日本の産業政策，経済成長や技術開発，国際貿易に及ぼす影響を，経済学的観点から再考された。そして，アメリカの経済学者が日本の経済や政策に注目して，批判を始める契機にもなった。

経済学者たちは，幼稚産業保護を含む産業政策の効果には懐疑的である。アメリカ在住の日本研究者ヤマムラ・コウゾウは，「買い手のリスク負担（caveat emptor）：日本の産業政策」と題する章において，第二次世界大戦以降の日本の産業政策を歴史的に論じた。そして，産業政策の効果を信じるか信じないかは宗教と共通する側面があると皮肉りながらも，日本の産業政策は1973年までのキャッチアップの時期には経済成長に有効に作用したが，経済が成熟したそれ以降の時期には従来の有効性を失ったと主張した。

それに対して，日本研究者の M. ボラス，R. タイソン，J. ザイスマンの章「優位の創出：半導体産業における政府介入とその効果」は，日米の半導体産業について政府政策の相違とそれに対する民間企業の経営戦略を論じたものである。彼らは，日本の産業政策が将来の成長が見込まれて高い付加価値が期待できる産業を育てることを目指し，D. リカードの用語を使えば『優位を創出する』ことを狙っていたと論じた。彼らは半導体産業について日本の産業政策に

効果があったと主張した。そしてアメリカの半導体産業は，とりわけ初期局面において，軍事や宇宙開発という政府調達を梃子にして成長してきた経緯があり，日本政府に対して民間自由貿易の振興を迫るのではなく，政府調達の市場を開放するように迫るきっかけを与えたのである。また，テキサス・インスツルメンツ（TI）社の対日進出が難航した事例も紹介されたが，それはアメリカ合衆国上下両院合同経済委員会に提出されたボラス，J. ミルスタイン，ザイスマン執筆の『先端産業部門での国際競争：半導体産業の貿易と発展』（1982年）でも取り上げられていた。

3．日本の対応

　国際経済問題への対応は政府の仕事であり，それを誰に任せるかは総理や閣僚を務める政治家の判断に基づく。日本の対応は基本的に，閣僚が前面に出ることがあるとしても，実際的な処理の大部分は優秀な経済官僚や省庁高官に任されている。ただし1980年代からは，アメリカ政府関係者だけではなく，日米両方のマスメディアに取り上げられやすいスタイルをとることと，英語で発表することが要請された。

　日本政府の対応策は，経済官僚が中心になって練られたが，本節では，ある程度の効果が上がったとされる対外経済問題諮問委員会，国際協調のための経済構造調整研究会，規制緩和に関する委員会の3つを中心に取り上げる。

● 対外経済問題諮問委員会（1984.12.20 – 1985.9.20）

　対外経済問題諮問委員会は，大来佐武郎を座長とし，経済学者の篠原三代平，前日本銀行総裁の前川春雄，日本貿易振興会（JET-RO）の赤澤璋一のほか9人の委員から構成された。同委員会は対

外経済問題関係閣僚会議から，次の２点について審議を要請された。
すなわち，第１に，対外経済政策に関する経済対策閣僚会議決定事
項の実施状況，第２に，日本経済の一層の国際化を進めるにあたっ
ての中期的課題である。同委員会は，1985年９月に最終成果として
『行動計画　アクション・プログラム　市場アクセス改善のための
行動計画のすべて』を発表した。それは，同月のプラザ合意直前に
まとめられた経済官僚主導の対策案であった。『行動計画』の対策
の主要部分については和文英文が併記されて，日本語を読めない人
たちにも配慮されたこと，政府行政の基準・認証・輸入プロセスの
合理化，政府調達の対策案が注目をひいた。

　『行動計画』では，1980年頃以降の経済摩擦の質的変化が次のよ
うに要約された。第１に，日本市場への参入機会が日本企業に比べ
て平等ではないとの認識から，外国企業の市場アクセスの改善要求
が浮上し，日本の行政政策，制度，慣行が問題とされるようになっ
た。第２に，経済摩擦の対象が，繊維，鉄鋼，カラーテレビ，自動
車などから，高度技術部門にシフトし，国防上の観点や，将来市場
が拡大すると予想される分野，そして，金融・資本，サービス分野
にまで拡大した。第３に，日本の大幅な経常収支黒字を背景に，日
本との経済摩擦が問題となる国や地域が，アメリカ，ヨーロッパ，
ASEAN などに拡大した。

　経済摩擦への対策として，関税引下げあるいは撤廃，輸入制限の
見直しのほかに，政府行政の基準・認証・輸入プロセスの合理化，
政府調達に関するプログラムが加えられた。1981−84年に閣僚会議
が対外経済政策を決定したのは６回であり，政府調達関連事項の実
施状況が問われたのは，1982年５月と1984年12月の２回であり，後
者はかなり具体的な内容を含んでいた。

　後者の1984年12月の対外経済政策の政府調達では，アメリカとの
半導体摩擦に対処する狙いがあった。1985年４月に予定された日本

電信電話公社の民営化を前提にして，通信衛星等と電気通信事業での対策が明記された。まず，通信衛星等については，3つのポイントがある。①民間企業が外国の通信衛星を購入することができるような途が開かれるために必ず必要な措置を講ずる。②日本電信電話株式会社（日本電信電話公社から一切の権利及び義務を継承）について，宇宙開発政策との整合性を確保しつつ，同社独自の判断による内外からの通信衛星の購入の途を開く。③政府等について，宇宙開発政策上，自主技術開発を要しない衛星について内外を問わず購入の途を開く。

　次に，電気通信事業については，2点がある。①電気通信事業法案を運用する。②日本電信電話株式会社の事業実施に当たって，公正競争が確保されるよう配慮する。この数年後に，携帯電話などのサービスが開始されることになる。

● 国際協調のための経済構造調整研究会（1985.10.31－1986.4.7）など
　国際協調のための経済構造調整研究会は，プラザ合意のすぐ後から始まった経済官僚による経済摩擦対策であるといえる。1986年の報告書は座長の名前を取って「前川レポート」と呼ばれた。

　国際協調のための経済構造調整研究会は，中曽根総理から，「我が国をめぐる近来の国際経済の環境変化に対応して，中期的な視野から，我が国の経済社会の構造及び運営に関する施策を検討するよう要請を受け」て組織された。同研究会は，前日本銀行総裁の前川春雄を座長とし，経済学者の加藤寛，政府エコノミスト（出身）の大来佐武郎，香西泰，宮崎勇，JETRO の赤沢璋一ほか，民間シンクタンク，経済界・金融界・労働組合の代表など，総勢17人の委員から構成された。

　もっとも，アメリカ側の主張をそのまま受け入れるごとく，日本が目指すべき中期的な国民的政策目標に，「経常収支不均衡を国際

166

的に調和のとれるよう着実に縮小させること」を提言した。そして，「内需主導型の経済成長を図るとともに，輸出入・産業構造の抜本的な転換を推進していくことが不可欠である」とした。アメリカから厳しい批判を受けた貯蓄優遇税制について抜本的な見直しを提案し，また日本銀行内の貯蓄増強中央委員会は貯蓄広報委員会に衣替えした。基本的考え方として，「市場原理を基調とした施策」を進めることを掲げていたことは注目に値する。

　なお，経済企画庁の所掌する経済審議会の経済構造調整特別部会（1986年９月―1987年４月）において前川レポートをアップデイトする作業が行われ，『新・前川レポート』（1987年４月23日）としてまとめられた。同特別部会の座長は引き続き前川春雄で，経済学者の嘉治元郎と村上泰亮，政府エコノミスト出身の大来佐武郎，JETRO の赤沢璋一，財界・金融界の代表をする人々，労働者代表など総勢20人の委員から構成された。「前川レポート」の方針を引き継いで，内需主導の経済に転換することがうたわれ，さらに後の日米協議の報告書にも盛り込まれた。

4．日本の規制改革

　1990年代，日本の積極的な規制緩和は，行政改革の一環として始まった。

　1994年12月，行政改革委員会が総理府に設置され，1997年，３年の設置期間を経て解散した。法律により独立性・自立性をもった行政改革委員会のもとには，行政情報公開部会，規制緩和小委員会，官民活動分担小委員会が設置された。後者の２つの委員会では，経済学者たちが積極的な役割を果たした。ここで決められた「規制緩和推進計画」は，民間活動の優先を理念とし，可能なものから実行されていった。日本政府の経済活動部門分類では，政府部門が第１

第14章　貿易摩擦と日本——　167

セクターで，民間部門は第2セクターと位置づけられており，政府諸委員会から出てきた方針で，「民間活動の優先」を説くものはこの計画が初めてであった。1996年12月に発表された「規制緩和の推進に関する意見（第二次）—創意で造る新たな日本—」では，基本的な考え方が次のように謳われている。

　　日本の経済社会及び市場の変化が，規制制度の基本的な変更を必要としている。「消費者主権」という言葉に端的に表されるとおり，何がどのような方法で供給されるかということを，供給者・業界団体や役所が決めるのではなく，国民・消費者の市場における選択を全ての基本とし，それに的確に対応できる創意ある事業者が伸びていく制度とすることが求められている。それは，市場機能を信頼し，企業家精神が活きる健全な競争を促進するシステムを築くということである。

規制緩和小委員会の活動と提言は総務庁編『規制緩和白書』(1997)などで発表され，その規制撤廃・緩和対象のリストの長さは，イギリスの日本研究者ロナルド・ドーアを驚嘆させるほどであった（Dore 2000：162-3）。
　貿易や海外投資に関するルールは常に問題とされている。現在でも，規制改革を推進する会議が設置されている。医薬品の承認と貿易の問題も注目されている。

参考文献

Borrus, M., J.Millstein, and J. Zysman. 1982. *International Competition in Advanced Industrial Sectors: Trade and Development in the Semiconductor Industry*. A Study Prepared for the Use of the Joint Economic Committee, U.S. Congress of the United States. Washington D.C.: U.S.

168

Government Printing Office.

Borrus, M., L. Tyson, and J. Zysman. 1986. Creating advantage: How government policies shape international trade in the semiconductor industry. In Krugman ed. (1986), pp. 91-113.

Dore, R. 2000. *Stock Market Capitalism: Welfare Capitalism: Japan and Germany versus the Anglo-Saxons.* Oxford: Oxford University Press. (藤井眞人訳『日本型資本主義と市場主義の衝突：日・独対アングロサクソン』東洋経済新報社，2001年)

行政改革委員会事務局編．1997.『行政の役割を問いなおす―行政関与の在り方に関する基準―』大蔵省印刷局.

行政改革委員会 OB 会監修．1998.『総理への提言―規制緩和・情報公開・官民の役割分担の見直し―』行政管理研究センター.

池尾愛子．2004.「国際経済摩擦と日本の経済学者たち：1985年の転換点」『産業経営』(35)：75-95.（こちらの参考文献もご覧ください。）

伊藤元重・大山道弘．1985.『国際貿易』岩波書店.

国際協調のための経済構造調整研究会．1986.「国際協調のための経済構造調整研究会報告書」(前川レポート).

Krugman, P. ed. 1986. *Strategic Trade Policy and the New International Economics.* Cambridge, MA: MIT Press. (高中公男訳『戦略的通商政策の理論』文眞堂，1995年.)

Lawrence, R.Z. 1986. Changes in U.S. Industrial Structure: The Role of Global Forces, Secular Trends, and Transitory Cycles. In *International Trade and Finance: Readings*, Third Edition, edited by R.E. Baldwin and J.David Richardson, Boston: Little, Brown and Company.

第15章
アメリカと金融危機

　2008年9月の「リーマン・ショック」は今でも話題に上ることがあるだろう。リーマン・ブラザーズはアメリカの投資銀行で，破綻した後，世界経済に「大景気後退（The Great Recession）」と呼ばれる経済の落ち込みをもたらしたのであった。大手金融機関が金融工学の粋を尽したビジネスを展開して競争していたが，リスク判断の甘かった投資銀行が，買収されることを拒んで，政府の緊急融資に期待をかけたのであった。

1．金融危機の顕在化

　2007年8月にヨーロッパで始まった金融危機は徐々に拡散し，2008年9月15日に米投資銀行リーマン・ブラザーズが破綻した直後から，信用市場が収縮して世界的金融危機となり，それに伴って経済不況が世界に広がった。アメリカでは，2006年末までに住宅価格高騰のバブルが鎮静化し，住宅価格の継続的上昇を期待して組まれた住宅ローンの返済滞りが大量に出現し始めた。そして，いわばさらなるバブル期待の住宅ローンを組み込んで，先進国を中心に世界の市場に出回っていた証券（住宅ローン担保証券）の価格が下落した。2007年以降，そうした証券を保有していた金融機関の中には大きな損失を処理するものが相次ぎ，破綻するものが出て，金融危機が進行した。

　ハンガリーの経済学者コルナイの「ソフトな予算制約と世界金融

危機」(『経済セミナー』2009年8・9月号)から，先進諸国における大規模な公的緊急融資(bail-outs)の事例(2007-08年)を拾ってみよう。2007年8月9日に，フランス系銀行BNPパリバ(BNP Paribas)が傘下の3つのヘッジファンド(Parvest Dynamic ABS, BNP Paribas ABS Euribor, BNP Paribas ABS Eonia)の資産を凍結した。2007年8月のドイツ産業銀行(Deutsche Industriebank)，ドイツ・ザクセン州立銀行(Sachsen Landesbank)の危機とドイツ政府による公的救済から始まり，イギリスのノーザン・ロック(Northern Rock)がイギリス政府による公的救済を受けた。

　2008年9月7日(日)早朝には，米政府系住宅金融機関のファニーメイとフレディマックを政府管理(conservatorship)下におく方針が，ポールソン財務長官(当時)によって発表された。すると，イギリスで同様の問題をかかえる住宅融資最大手HBOS(Halifax Bank of Scotland)の経営問題が懸念され，動揺が走った。2008年を通してみると，9月15日に米リーマン・ブラザーズ(Lehman Brothers)が連邦破産法第11条の適用を申請する一方で，同年には次の大型金融機関が公的救済を受けた。

アメリカ：3月ベア・スターンズ(Bear Sterns)。9月以降AIG(American International Group, 保険)，バンク・オブ・アメリカ(Bank of America)，シティグループ(Citigroup)，ゴールドマン・サックス(Goldman Sachs)，ウェルズ・ファーゴ(Wells Fargo Bank)，他25機関(10億ドル以上の支援)
イギリス：ロイズTSBグループ(Lloyds TSB Group)，HBOS(Halifax Bank of Scotland)，RBS(Royal Bank of Scotland)
ベルギー：フォルティス(Fortis)，デクシア(Dexia*)，KBCグループ(KBC Group)
フランス：デクシア(Dexia*)，クレディ・アグリコル(Crédit

Agricole）, ソシエテ・ジェネラル（Société Générale）, BNP パ
リバ（BNP Paribas）

ドイツ：ウェスト州立銀行（West Landesbank）, ドイツ産業銀行
（Deutsche Industriebank）, バイエルン州立銀行（Bayern
Landesbank）, コメルツ銀行（Commerzbank）, ハイポ・リア
ル・エステート（Hypo Real Estate Holding）

アイルランド：アイルランド銀行（Bank of Ireland）, アライド・
アイリッシュ（Allied Irish Banks）

ルクセンブルク：フォルティス（Fortis）, デクシア（Dexia*）

オランダ：フォルティス（Fortis）, ING グループ（Internationale
Nederlanden Groep）

（＊2012年12月28日, 欧州委員会（EC）はデクシアへの資本注入と, 国ご
との分割を決定し, それぞれベルギー, フランス, ルクセンブルクの法律
に従って問題を処理することになった）

　公的救済の理由は, 金融システム全体を不安定化しかねないシス
テミック・リスクを回避するためである。しかし, コルナイが主張
してやまない「柔らかい予算制約」やモラル・ハザード（道徳的陥
穽）の問題を常にはらんでいる。アメリカでも, ヨーロッパ諸国で
も, 住宅ローンとその証券化や再証券化が行われていて, 住宅価格
上昇が反転しての下落開始が, 危機の引き金を引いたのであった。
　ファニーメイとフレディマックは, mortgage（譲渡可能な住宅
抵当権や抵当証券）の取扱い専門の米政府系住宅金融機関であると
日本では説明されており, コルナイの表には登場しない。しかしア
メリカでは, 両者は過去の民営化政策により, 現在は私企業である
と認識されている。それでも, 両企業が発行した債券などが海外の
（大口機関）投資家によって保有されていて, このまま放置すれば

世界の金融システムが混乱するという認識に基づく海外からの強い要請により，"conservatorship" の措置を取ることになった，そして2社の経営トップは交代することになった，という説明の仕方になっていた。

2．サブプライム・ローンとオルトA・ローン

　金融危機と金融機関に対する一連の公的緊急融資が始まったのはヨーロッパからであった。2008年9月15日の米投資銀行リーマン・ブラザーズの破綻により，金融危機は一夜のうちに世界を襲い，そして経済不況が世界に広がった。英語では，「Credit market is frozen.」と表現された。金融危機の一般的顕在化はある程度の住宅バブルとその終焉がみられたヨーロッパから始まったといえるとしても，その危機のアメリカでの根源は，サブプライム・ローンとオルトA・ローンによる住宅バブルとみなされる。2008-9年には景気大後退が起こったとされる。

　欧州政策研究センター（CEPS）のD.グロスの論文「なぜヨーロッパはより苦しむのか」（2009年）の分析によれば，「金融危機の唯一の震源地はアメリカであった」とは言い難く，ヨーロッパ各国においても，金融危機の原因となりうるバブル現象が見られていた。彼はユーロ圏の住宅価格などの時系列データを提示して，ドイツでは統一バブル，スペインでは著しい建設バブル（住宅バブルを含む），他の諸国では住宅バブルがあり，いずれもはじけた，と分析した。さらに，社会保障制度が整った国々では雇用は確保されているものの，その分調整は遅れ，回復にも時間がかかる見通しが示された。これらは，ギリシャ危機と重なって，ユーロ危機につながってゆく。

　B.バーナンキ米連邦準備制度理事会（FRB）議長（当時）のア

第15章　アメリカと金融危機——　173

メリカ経済学会講演「金融政策と住宅バブル」（2010年１月）によれば，アメリカの住宅バブルの原因は，マクロ的金融緩和政策よりもむしろ，初期返済月額を極端に低くするという住宅ローン貸出・借入政策にあった。そして不適切な貸出・借入が横行したローンは，サブプライム（信用力の低い人向け）だけではなく，サブプライム・ローンとプライム・ローンの間に位置づけられる，オルトA・ローンであったことを実証的に示した。「マクロ的な金融緩和（低金利）政策だけでは，住宅価格の上昇の一部は説明できても，住宅バブルは説明できない。バブルの始まりは2002年末から2003年初であり，住宅ローンの初期返済月額が低く抑制され始めた時期と符合する」との分析が開示された。そのため，「2006年に住宅価格が最高値を示して，下落し始め，バブルがはじけていったのである。それゆえ，必要な対策は，マクロ的金融政策ではなく，規制・監視政策である」と。「民間銀行が不適切な貸出政策を採ることになった背景には，東アジアが1997−８年の通貨危機に懲りて，米ドル資産で準備を蓄積し，しかも高利回りを求めたことがある」と，かねてからの持論である「海外貯蓄過剰論（global saving glut）」を示した。

　バーナンキが最初に「海外貯蓄過剰論」を公表したのは2005年３月に遡る。2007年９月のベルリンでのブンデスバンク講演では，国内部門で貯蓄が投資を超過する貯蓄余剰国に，中東諸国とロシアという石油輸出国を加えた。こうした「発展途上国」の余剰資金が越境して，先進国アメリカの（貯蓄不足につながる）旺盛な消費支出を押し上げてきたとの認識である。彼の2010年講演は，FRBの分析官が過去を振り返って行ったパネルデータ・計量分析に基づくものである。そして，一般に十分に注目されていたサブプライム・ローンだけではなく，サブプライム・ローンとプライム・ローンの間に位置づけられるオルトA・ローン——あまり注意が払われていなかった——で，不適切な貸出・借入が横行したことが示された。

2006年末までに住宅価格高騰のバブルは鎮静化し，住宅価格の継続的上昇を期待して組まれた住宅ローンの返済滞りが大量に出現し始めた。そして，いわばさらなるバブル期待の住宅ローンを組み込んで，先進国を中心に世界の市場に出回っていた証券（住宅ローン担保証券）の価格が下落した。2007年以降，そうした証券を保有していた金融機関の中には大きな損失を処理するものが相次ぎ，破綻するものが出て，金融危機が進行したのであった。

　サブプライム・ローンは，プライム・ローンでは対象とならない，貸倒れ・延滞リスクの高い集団への住宅融資であり，平均して金利は高い。そして，サブプライム・ローンの対象とならない層に対して，オルト A・ローンが設定された。サブプライムあるいはオルト A・ローンを利用して，当初数年の返済額を低く抑えるか，あるいは最初の1年の返済額を零にして，その期間が過ぎると（返済が不可能なほど）返済額が増加するという返済計画が組まれた。要するに，住宅価格が続伸し，購入住宅を売却すれば借入金を越える資金が獲得できることが前提にされていた。少し贅沢な住宅を購入して1－2年後に売却すれば，ローンを返済した上，自分の所得にみあった住宅を購入するための頭金くらいが残ると期待されていた。これが実現すれば社会に貢献できると信じて，バブル期待の住宅融資を専門とする金融会社まで登場していた──これは規制の少ないアメリカならではの現象であったが，金融当局にとっては予想外であった。かくして住宅バブルの末期には，予想外のことが起こり，事態が混乱していくことになった。言うまでもなく，一層の住宅バブルを返済にあてこむような融資は本来してはいけないのである。

　借換える──つまり，中古高級住宅を転売して，借入金を返済し頭金をえて，低級住宅を購入するためのローンを借りるべき──時期を迎えるバブル期待ローンの金額は，2008年にピークが来ると予想されていた。2006年中に，住宅価格の上昇が顕著であった20都市

において，住宅価格がピークを迎え，下降局面に突入した。値ごろ感から住宅需要が持ち直す一方で，転売の機会を失ったことから差押えによる中古住宅の供給が急増した。全国的にも，住宅価格は下落を続け，差押え住宅は増加し続けた。バブル期待ローン専門の金融会社はといえば，株価が暴落して破綻することになった。アメリカ人経済学者は，「こうした金融機関は，融資すべきではない人たちに融資をしたため，市場によって罰せられた」と説明していた。彼らは，素人のような貸金業者に対しても規制をすべきだとは決して言わず，どんな金融業者でも「すべきではない融資はすべきではない」と批判しつづけた。別の見方をすれば，彼らには，「個人の自由」を価値として護ろうとして決して譲らない精神が感じられた。

　2008年7月にアメリカ議会が動き，融資ルールが変更されて，貸手は，借手の所得や資産を審査して返済が可能なことを確認することが必要になったのである。これにより，金融問題の傷口の拡大がようやく止められた。さらに，こうした「すべきではない融資」サブプライム・ローンの資金はアメリカの外からも調達されていたのである。証券化・債券化（securitization）という新しい金融ツールにより，ローンをプールしてサブプライム・ローン関連証券を生成していたのである。

3．金融危機ドラマ

　『ニューヨーク・タイムズ』紙記者のA.ソーキンはリーマン破綻の前後，多くの関係者に取材を行っていた。そして危機進行プロセスを本にした。日本訳タイトルは『リーマンショック・コンフィデンシャル』（加賀山卓朗訳，早川書房，原著2009年）である。

　ソーキンは，1つの金融ビジネスモデルの終焉を描き出したと考えている。それは，確率論や金融工学に支えられた複雑なモデルに

頼って，新しい金融派生商品（デリバティブ）を開発したり，データから理論計算される価値と市場価格との乖離を利用した裁定取引を繰り出すための分析を行ったりして，利益を上げようとするモデルである。彼が注目したのは，後に『取引による政策』と呼ばれるようになる政策運営で，レバレッジ（負債の自己資本に対する比率）の高さ，クレジット・デリバティブの爆発的成長，債務不履行のドミノ効果の高い可能性，ヘッジファンド（私募）の空売り，『モラル・ハザード』批判，各銀行の明暗を分けた特定金融（派生）商品の取扱い・不取扱いなどを詳論した。

　ソーキンの提供した事実を基に，追加資料を交えて，9つの論点を提供しておこう。肩書はすべて当時のものである。

①投資銀行ゴールドマン・サックス（GS）の最高経営責任者（CEO）であった H. ポールソンは，ブッシュ共和党政権から説得を受けて，2006年5月30日に財務長官に正式に指名された。彼は，ハーバード・ビジネス・スクールでも学んだ金融テクノクラートであり，クラスメイトだった A. ハバートが国家経済会議（NEC）委員長をしていた。彼は早い時期から市場について心配しており，同年8月17日，キャンプ・デイビッドで行われたブッシュ大統領への最初のブリーフィングにおいて，「経済はいつ危機に陥ってもおかしくない」と警告した。彼は，サブプライム・ローン問題，ひいては金融市場の先行きを懸念する人々の陣営に位置しており，この陣営の懸念が現実化したときの対策のために抜擢されたことが，前提となっているように描かれている（ソーキン 2009：第15章）。そしてこれは，ポールソン前米財務長官の回想録『崖っぷち』（2010年）の内容と整合的である。

②2008年3月15日の週末にかけて，ガイトナー・ニューヨーク連銀総裁が JP モルガン・チェース CEO のジェイミー・ダイモンを説得して，ベア・スターンズを破産から救って業務を引き継がせ

たのであった。290億ドルの政府融資を伴ったことから，経営者の『モラル・ハザード』（適切なリスクマネジメントの欠如あるいは過度なハイリスク・テイキング）を批判する世論が高まり，議会において新たな救済融資を決めることは不可能な状況になっていた。これは，イギリスにおいても同様であった——少なくとも9月15日までは。特に，ナンシー・ペロシ米下院議長は，無能な経営者を救済することに対して，批判の急先鋒になっていた。それゆえ，規制当局者たちは，民間による救済策（買収合併やコンソーシアム融資）を模索するしかなかった。

③リーマン・ブラザーズが破綻を避けるためには，銀行に買収されなければならなかった。最終段階まで候補として残ったのは，バンク・オブ・アメリカと，イギリスの巨大金融組織の投資銀行部門バークレイズ・キャピタルであった。2008年9月14日（日）夜，バークレイズがアメリカにおけるブローカー・ディーラー部門を買収し，残りの「バッド・バンク」に必要な資金（約330億ドル）を他の大手銀行がコンソーシアムを組んで提供するという合意にまでたどりついていた。しかし，イギリス政府がこうした手法による買収を認めず，バークレイズの株主投票が必要であると主張しつづけたため，時間切れで万事休すとなった。そして，アメリカSEC委員長がリーマンに破産申請を促し，リーマンは9月15日午前1時45分にニューヨーク南地区で正式な破産保護申請を行った。アメリカ政府関係者は『モラル・ハザード』批判は防いだと感じていた。そしてバークレイズは，株主投票を気にすることなく，リーマンの米ブローカー・ディーラー部門を買い取り，ウォール街への進出を果たした。そして，野村ホールディングスが22-23日に，リーマンのアジア・パシフィック地域部門，欧州・中東地域の株式部門と投資銀行部門の業務を継承することに基本合意した。

④リーマン・ブラザーズはアメリカの銀行であったが，取引の多く
がロンドン支店を通して行われていて，イギリスに帳簿の半分を
もっていた。アメリカ当局はここまでは把握していた。資金は国
境を越えて自由に動き回るが，金融規制の程度や実態は各国で多
様であり，金融破綻の処理法も国ごとに異なっていた。アメリカ
連銀はリーマン取引の縮小対策として，アメリカ国内でのリーマ
ンのブローカー・ディーラー業務を継続させようとしていた（し
かし，リーマン持株会社のコンピュータ会社が破綻していたので，
取引は円滑には進まなかった）。それに対してヨーロッパとアジ
アの支店は，破産によってただちに業務を停止した。そのため，
リーマンのロンドン支店をつうじて取引を行っていた複数のヘッ
ジファンドは，取引を絶たれ，市場から数十億ドルの資金を引き
あげた。また，再担保契約によって，リーマンはヘッジファンド
の提供した担保を，ロンドン支店をつうじて別の当事者に再び担
保として差し入れていたので，所有関係の見きわめが困難であっ
た。それが一因で，リーマン破綻はアメリカ当局の想定を超えて
大きな影響をヨーロッパにもたらした。

⑤2008年4月のIMFレポートによれば，負債・自己資本比率のレ
バレッジは，リーマンが30.7対1，次いでメリル・リンチが26.9
対1であった。メリルはといえば，債務保証証券（CDO）の作
成と販売だけではなく，モーゲージを発行し，証券化し，細分化
してCDOを作り出す，フルラインの生産者を目指していた。30
以上のモーゲージ・サービサーや商業用不動産会社を買収し，
2006年12月には，国内最大のサブプライム・ローン貸付業者
ファースト・フランクリンを13億ドルで買収した。その頃，サブ
プライム・ローン市場はほころびて，価格が下がり，延滞が増え
ていた。2007年に入ってもリスク管理にほとんど注意を払わな
かったので，メリルは会社史上最大の損失を出し，CEOは元ゴー

ルドマンのジョン・セインに交代した。2008年6月に新CEOは買収先を探し始め，「バンク・オブ・アメリカはメリルにぴったりの買い手」として，9月15日に買収されることに成功した。仮にバンク・オブ・アメリカがリーマンを買収していたならば，メリルは買い手を見出すことに失敗し，ドミノで破綻していた可能性があったことが読み取れる。

⑥大手保険会社AIGは，ウォール街だけではなくヨーロッパでも金融システムの要であった。ヨーロッパの銀行規則では，金融機関は，AIGの金融商品部門とクレジット・デフォルト・スワップ（CDS）契約を結んでおけば，必要資本を満たすと認められていた。そのため，銀行はCDSを用いて，企業融資や住宅ローンというハイリスク資産をAIGのトリプルAの信用力で覆い隠し，レバレッジを拡大していた。AIGが破綻すれば，この保護が消える。AIGの財務状況は週末に急速に悪化し，格下げが迫り，取引相手から追加担保を再三要求されていた。9月15日（月）朝から24時間で，ポールソン財務長官は市場がパニックに包まれる様を目の当たりにした。諸外国の政府は米財務省に連絡し，AIG破綻に対する懸念を表明していた。16日，連銀は140億ドルのつなぎ融資を決め，CEOの交替を求めた。

　住宅ブームの火つけ役の米政府支援法人の住宅金融会社ファニーメイとフレディマックの存続については，議会の圧力が強かった。確かにアメリカの金融ビジネス興隆の背景には，新自由主義（徹底した規制緩和）があるといえよう。しかし，サブプライム・ローンも米政府支援法人の住宅金融会社も，新自由主義の作用を緩和しようとする因子である。アメリカの住宅政策が住宅債権やその派生商品の価値を左右するのである。つまり，2008年金融危機の原因を新自由主義だけに求めることはできない。また新自由主義的ではない因子，あるいは新自由主義に対抗する因子

が制度の中に存在する場合，市場がどのように作用するのか，あるいは，そうした対立因子が市場の作用に影響を明示的に及ぼすまで，どのくらいのあいだ潜伏しうるのかは市場参加者によって判断が異なり，これ自体が大きな不確実性因子になるといえる。

⑦残った投資銀行ゴールドマン・サックス（GS）とモルガン・スタンレー（MS）は，崩れていく市場の信頼と闘った。リーマン・ブラザーズの債券（7億8,000万ドル）を組み込んだ投資商品リザーブ・プライマリー・ファンドがわずかに元本割れしたので，投資家たちが当該口座を解約し始めた。ヘッジファンドがMSやGSから資金を引き出して，両者の体力を試すこともあった。そして誤った報道や風評被害が激しくなった。MSは三菱東京UFJ銀行から90億ドルの投資を受け，9月21日（日）午後9時30分，GSと共に銀行持株会社になって，22日（月）には株価が安定した。GSは株価が安定しなかったので，投資家ウォレン・バフェットから条件付で50億ドル分の優先株への投資を受けた。これがニュース報道されたおかげで，GSはさらに50億ドル分の株式を売却でき，株価も6％以上上昇して，増資に成功した。MS買収には，中国初の政府系ファンドである中国投資有限責任公司も関心を寄せていた。

⑧この間，歴史家の間では，金融パニックとその対策の研究が注目される成果を生み出している。パニックを抑えるためには，一時的に大胆な措置が必要とされる。まず，イギリス政府が先行し，アメリカのSEC委員長も空売りを30日間禁止して，株価の下ぶれを防いだ。次が，ポールソン財務長官の「不良資産救済プログラム」(TARP)であった。同提案は9月29日（月）に下院でいったん否決される前後に，性格を変えた。つまり，不良資産の買い上げから，金融機関への直接投資に切り替えられた。そして「優先株購入」，「納税者が株主」，「市場が回復すれば，連邦政府が利

益を得る」と支持され，上院・下院議会を通過した。大手金融機関 9 行の CEO がワシントンに招集され，希望の有無にかかわらず，TARP を受け入れることになった。金融機関への直接投資もイギリス政府が先行した。

⑨世界の金融規制当局は，全体像を理解するのに苦労した。A. グリーンスパン前 FRB 議長でさえ，何が起きているのか正確には把握していなかったと後で認めた。バーナンキ FRB 議長ですら，「サブプライム市場が 2 兆ドル規模になっていたとはいえ，14兆ドルのアメリカ住宅ローン市場のほんの一部に過ぎない」と認識していた。既述のように，2010年 1 月，バーナンキ FRB 議長はアメリカ経済学会年次大会で，オルト A・ローン残高がサブプライム・ローン残高と同規模に達していたことを明らかにした。

　2008年の金融危機を通して，アメリカの金融ビジネス事情がよく見えたのであった（2008年 3 月末から2009年 7 月まで，筆者はアメリカのノースカロライナ州ダラムに滞在していた）。

第16章
単一通貨の問題

　欧州連合（EU）を理解するためには，歴史を見る必要がある。ただ，1980年代以降の歴史については，しばしば書き換えられているように思える。日本では2009年から，ユーロに関するギリシャの問題をメディアが詳しく取り上げたため，よく知られるようになっている。しかし実は，地域共通通貨（「単一通貨」と呼ばれる）ユーロ自体が大きな問題を含んでいることは忘れてはならない。

1．ユーロの略史

　駐日欧州連合代表部のウェブサイトに2015年頃に掲載されていた歴史を参考にして振り返ることから始めよう。

1990年7月1日，経済通貨同盟（EMU）の第一段階が開始された。欧州共同体（EC）加盟国における資本の移動が完全に自由化される（一時的な適用除外が認められた地域を除く）。

1993年1月1日，マーストリヒト条約が発効して，EU が誕生し，単一市場の完成が宣言された。

1993年11月1日，債券発行のために利用されていた欧州通貨単位（ECU）のバスケット構成が凍結された。

1994年1月1日，欧州通貨機関（EMI）がフランクフルトに設立された。ヨーロッパレベルで経済政策を調整するための手続きが強化される。加盟国が「過剰な財政赤字」の撲滅と経済収斂の実現

第16章 単一通貨の問題── 183

に取り組むことになる。

1995年5月31日，欧州委員会が単一通貨に関するグリーンペーパー（単一通貨への移行についての参考シナリオ）を採択した。

1995年12月15日，16日，マドリード欧州理事会において，単一通貨の名称として「ユーロ」を採択することが決められた。ユーロ導入に関する技術的なシナリオと1999年に単一通貨へ切り替えるためのスケジュール（手続きの終了は2002年の予定）が最終決定された。

1997年6月16日，17日，アムステルダム欧州理事会が，ユーロ使用の法的枠組み，安定成長協定，欧州通貨制度（EMS）の後を引き継ぐ制度に関して最終的な合意に達した。ユーロ硬貨のデザインが公表された。

1998年5月1日〜3日，加盟国元首・首脳が，経済収斂基準および1997年に経済データに基づいて単一通貨の第一陣に参加する加盟国（11ヶ国）を決定した。加盟国が欧州中央銀行（ECB）総裁，副総裁，および専任理事を任命した。

1998年6月にECBがフランクフルトに設立された。ECBはドイツの中央銀行ブンデスバンクのすぐそばに位置し，その中央銀行政策の性格も継承したとされる。

1999年1月1日より前に，理事会が，資本金払い込みの方法，統計データの収集，最低準備金，ECBの協議，事業に対して科すことのできる罰金と罰則に関する規則を採択する。ECBおよび欧州中央銀行制度（ESCB）の事業開始準備として，ECBの設立のほか，規制の枠組みの採択，金融政策枠組みのテストなどが行われた。ESCBは，EUの全加盟国の中央銀行とECBからなり，ユーログループ（Eurosystem）は，ECBとユーロ圏の中央銀行によって構成される。

1999年1月1日　EMU第三段階がスタートする。EU加盟国のう

ち11ヶ国でユーロ導入（ベルギー，ドイツ，スペイン，フランス，アイルランド，イタリア，ルクセンブルク，オランダ，オーストリア，ポルトガル，フィンランド）。理事会が，通貨統合への参加国通貨の対ユーロおよび相互の交換レートを永久的に固定する。そして，ユーロ自体が通貨となり，それに伴って ECU の公式の通貨バスケットが消滅した。ユーロ導入の法的枠組みを設定する理事会規則が発効した。

1999年1月1日以降，ESCB は，ユーロによる単一通貨政策を策定・実施し，ユーロでの外国為替オペレーションを実施する。**加盟国は新規の国債をユーロ建てで発行した。**

1999年1月1日から遅くとも2002年1月1日までに，ESCB は，固定交換レートにより平価で通貨を交換する。ESCB と加盟国当局は，銀行および金融部門における切り替えを監視し，経済全体の切り替えに向けた準備を支援する。

2001年1月1日　ギリシャがユーロを導入。

2002年1月1日　ESCB はユーロ紙幣の市中への流通を開始し，各国通貨の紙幣の回収を始める。加盟国はユーロ硬貨の市中への流通を開始し，各国通貨の硬貨の回収を始める。

2002年3月1日から，ユーロは，ユーロ圏12ヶ国の唯一の法定通貨となる。

2004年6月28日　2004年5月に加盟した新規加盟国10ヶ国のうちエストニア，リトアニアおよびスロベニアが，ユーロ未参加国向け欧州為替相場メカニズム（ERMII）に参加。

2005年5月2日　ラトビア，キプロスおよびマルタが ERMII に参加。

2006年5月16日　欧州委員会，2007年1月からスロベニアがユーロを導入することを提案。

2007年1月1日　スロベニアが導入。

2008年1月1日　キプロスとマルタが導入。

2009年1月1日　スロバキアが導入。

2011年1月1日　エストニアが導入。

2014年1月1日　ラトビアが導入。

2015年1月1日にリトアニアが導入し，19番目のユーロ参加国となる。

　主なユーロ不参加国は，イギリス，デンマーク，スウェーデンである。

2．ユーロ圏の貨幣政策

● 欧州中央銀行（ECB）の政策

　ECB は中期的な物価上昇率をプラス 2 ％未満におく，インフレターゲット政策をとる。

　2007–08年の金融危機以降，ユーロ圏では『デット・オーバーハング』問題が顕在化した。『デット・オーバーハング』は，貸手側から説明すれば，過剰債権や延滞債権（Non-Performing Loan, NPL）が累積していて新規貸出しが困難な状態で，日本では「貸渋りが発生している状況である」と表現される。ユーロ圏でも，「貸渋り対策」としての流動性（liquidity）注入や金融緩和の実施が必要になっていた。

　2012年に発表されていた国債買入れプログラム（Outright Monetary Transactions, OMT），2014年に発表されたマイナス金利政策，いずれも『デット・オーバーハング』問題の解消を目指して導入された。

● 安定成長協定（Stability and Growth Pact）

　EU 加盟国が国内通貨を共通通貨ユーロに転換する際に満たすべ

きマーストリヒト転換基準は，2011年にはユーロ導入国が守るべき
「安定成長協定」（Stability and Growth Pact）として示され，2013
年に発効した。欧州委員会の『拡大 EU におけるユーロ』（2007
年）や『EU 解説：経済通貨同盟とユーロ』（2012年，2014年改訂）
によれば，その諸基準は次のとおりである。

① 年度の財政赤字が GDP の３％以下で，政府債務残高が60％以
　　下である。
② 消費者物価指数（CPI）がユーロ圏で最も低い３ヶ国の上昇率
　　より1.5％ポイント以上高くない。
③ 長期金利がユーロ圏で最も物価の安定している３ヶ国の平均よ
　　り２％ポイント以上高くない。
④ 自国通貨の対ユーロレートがあらかじめ定めたレートから上下
　　15％以内に２年間以上収まっている。

　つまり，これらの基準はユーロ導入後も維持されるべきであると
された。しかし，違反しても罰則はない。それまでの自国通貨を放
棄して，単一共通通貨を導入するという膨大な費用を払うことに
よって，その逆，つまり共通通貨から自国通貨に戻ることの費用も
また膨大で後戻りはできないと感じられるので，共通通貨を維持す
るために導入諸国は必ず努力するに違いない，と暗黙のうちに想定
されていたように見受けられる。危機に陥っているユーロ採用国は
といえば，マーストリヒト転換基準つまり安定成長協定の基準を満
たしてはいない。そうした国々に必要なのは，罰則ではないことも
認識されている。

　『拡大 EU におけるユーロ』（2007）によれば，マーストリヒト基
準と呼ばれた時期でも，ユーロへの転換の「実質基準」を反映する
「名目基準」にすぎない。「実質基準」は，競争力，労働力スキル，
金融部門統合，産業構造，その他の社会経済的要素の転換をさす。

バルト海沿岸国エストニアの場合をみると，2004年に EU に加盟したあと，政策・制度の調整を実施して2010年12月に経済協力開発機構（OECD）に加盟し，2011年１月にユーロ導入を果たしている。EU 新加盟国のユーロ導入までのモデルのようだ。大きなユーロ圏が現に存在する環境下では，ユーロ未導入の周辺諸国では，為替リスクなどの不便・負担が大きくのしかかり，それが経済成長の足かせとなりかねないと悲鳴が聞こえる。ユーロ導入の道のりには，上の転換基準に加えて，頑健な銀行制度が要請されるようになっている。

上の『EU 解説：経済通貨同盟とユーロ』（2014年改訂）では，ユーロ導入以降の経済金融危機の歴史も語られ，学ぶべき教訓が整理されている。「安定成長協定」に記されたルールが破られると，ユーロ圏経済は不安定になり経済成長が鈍化して景気が後退する。共通通貨を導入したため，加盟国間で経済不均衡があっても平価切下げ等で対処することができないこと，競争力を強化する等しかないことが明記されている。ユーロ危機を経て「銀行同盟（banking union）」が形成され始め，2015年１月から ECB がユーロ圏の諸銀行の監督責任を負うようになり，金融市場の監視も射程に入ると述べられている。規制と監督の強化・拡充を進めるとある。

「経済通貨同盟（EMU）が十全に機能することにより強く安定するユーロが，ヨーロッパの成長と雇用の基礎である」という。EMU は1993年の EU の誕生とともに，単一市場と単一通貨の創設を目指して始動した。EMU をより完成させていくためには，第１に，銀行同盟の役割を拡張して，経営困難に陥った銀行を処理するための共通のルールと基金の創設を含めなくてはならない。第２に，経済同盟が通貨同盟を基礎づけるべく，成長と競争力を引き上げるための投資を行うとともに，社会的次元も強化しなければならない，とある。

第3に，財政同盟（fiscal union）を設立して，健全財政の実現，危機に直面しての加盟国間の金融連帯を深化させなくてはならない。第4に，銀行同盟，経済同盟，財政同盟が矛盾なく機能し，かつ，加盟国政府の民主主義的説明責任と市民のEU政策形成への参加を保証するためには，政治同盟（political union）が必要である。「欧州委員会は真の政治同盟を発展させるために努力するであろう」と述べられている。

EU解説には「競争：市場機能の改善（Competition: Making markets work better）」（2014年）もある。EU議会，EU加盟国の議会と官僚に向けて書かれているようである。ユーロ圏外からユーロ問題について批判的コメントが多いために，それに応えるために外向けに書かれているようにも見える。

3．調整変数の不足

アリ・エラグラ（Ali M. El-Agraa，福岡大学名誉教授）編集の『欧州連合：経済学と諸政策』（ケンブリッジ大学出版会，第9版，2011年）は，副題が示す通り，珍しく経済学者の視点が生かされた教科書である。EUは，政治が経済を主導するかたちで形成されてきたので，政治の観点から書かれたEU本が多い。エラグラは，「EUは多くの経済専門職を採用しているが，政策形成に経済学を使ってきたわけではない」とする一方で，EUの諸政策を経済学のツールで解釈して分析している。経済通貨同盟（EMU）やユーロについては，最適通貨圏の理論を参照しながら，為替変動という経済調整変数を放棄したつけが大きいことを示唆している。確かに完全に自由な資本移動のもとで，固定相場で手数料なしで外貨交換が許される制度が構築されれば，単一通貨導入と同じ効果が期待されるであろう。あえて単一通貨を導入すると，その制度が永続的で後

戻りできない（permanent and irrevocable）との印象を与えることになる。

現行のユーロ圏は，各国通貨を利用する国々が「固定相場＋資本移動の完全自由化＋為替手数料の無料化」を組み合わせた制度を採用しているのと同等であるとの主張につながる。ユーロ圏での経常収支問題への対応は，為替レートに頼らず，2国間で解決すべきとされているようにみえる。

経済インバランスを調整するために，「北欧と南欧で通貨圏を分ける」，「ドイツがユーロ圏を抜け，マルクを復活させる」などのケースを，思考実験でとりあげてもよいであろう。

4．ギリシャの財政危機

ギリシャ問題は特異である。『日本経済新聞』（2010年5月16日）等でその発端をみておこう。

ギリシャは2001年にユーロを導入した。2004年8月にアテネ・オリンピックが予定されていたこともあり，ユーロ圏の国々では大いなる歓迎ムードがあった。

2004年，ギリシャはユーロ参加の条件となる財政赤字の基準を一度も達成していないことを認めていた。

2009年10月，政権交代があって，問題が発覚した。パパンドレウ新政権が2009年の財政赤字規模を上方修正したことで，前政権のずさんな統計処理が表面化して，財政問題に火が付いた。

同年12月8日，格付け会社フィッチがギリシャの長期債務を「投機的水準」に格下げした。

12月14日，政府は社会保障費1割削減など財政再建策を発表した。

12月17日，労働組合が反発してストに突入。賃下げに対する暴動も発生。

2010年4月27日，格付け会社 S&P がギリシャ国債を3段階格下げした。

5月10日，EU と IMF が最大7,500億ユーロの緊急融資制度の創設で合意した。

5月11日，ギリシャ政府，まず200億ユーロの融資を要請した。

ギリシャ問題について，自分で調べてみよう。

第17章
東南アジア諸国連合（ASEAN）

　東アジアあるいはアジア全体では，欧州の欧州連合（EU）に対応するような形で，この地域を代表する国際機関は存在しない。EUからみれば，東南アジア諸国連合（ASEAN）が地域機関として注目され，地域機関同士の協力関係の構築が模索されることがある。アセアン地域フォーラム（ARF）とアジア欧州会合（ASEM）は欧州とアジアをつなぐ。1997年の東アジア通貨危機以降，ASEAN+3（日中韓）やASEAN+6（日中韓，オーストラリア，ニュージーランド，インド）での政策調整や研究連携が図られ，東アジア・ASEAN経済研究センター（ERIA），ASEAN+3マクロ経済研究所（AMRO）が設立された。1981年設立の日本アセアンセンター（http://www.asean.or.jp/）がASEAN情報をわかりやすく提供している。中国・韓国も同様のASEANセンターを設立している。

1．東南アジア諸国連合（ASEAN）概要

　ASEAN（Association of Southeast Asian Nations，アセアン）は現在では10ヶ国からなる地域機関であり，その主な目的は，①域内における経済成長，社会・文化的発展の促進，②地域における政治・経済的安定の確保，③域内諸問題の解決，である。2013年の全人口は6億2,500万人，1人当たりGDPは3,845ドルである。英語を業務語（working language，憲章第34条）とし，ウェブサイトによ

図表17-1　ASEAN 地図

出所：日本アセアンセンター（https://www.asean.or.jp/ja/asean/know/country.1.html）。

る情報共有を推進している（http://www.asean.org/）。最近では加盟各国がリンクを張って自国語での情報発信に努めている。

● 略　史

　ASEAN は1967年8月5-8日にバンコクで開催された東南アジア5ヶ国外相会議において、最終日に、「ASEAN 設立宣言」（通称「バンコク宣言」）を採択して設立された。創設の父にあたる原加盟国は、インドネシア、マレーシア、フィリピン、シンガポール、タ

イの5ヶ国で，本部は現在ジャカルタ（インドネシア）に置かれている。ASEAN拡大は17年後に始まり，1984年1月8日にブルネイ（同年1月1日にイギリスより完全独立），1995年7月28日にベトナム，1997年7月23日にラオスとミャンマー，1999年4月30日にカンボジアが加盟し，現在10ヶ国がそろった。

1945年8月15日に日本軍が無条件降伏した後，東南アジアでは新たな秩序形成を求めて事態は動き続けた。2日後の8月17日にスカルノとハッタがインドネシア独立を宣言し，1949年にオランダがハーグ協定によりインドネシアの独立を承認する。1946年にアメリカとの約束通り，フィリピン共和国が独立する。1948年にイギリス領マラヤ連邦が形成され，1957年に成立したマラヤ連邦にシンガポールなどを加えて，1963年にマレーシアが成立したものの，1965年にシンガポールが分離して独立する。その一方，ビルマ（現ミャンマー）出身のウ・タントが1960年から国連事務総長を務めて「開発の十年」を打ち出していた。

1967年のASEAN設立当時，南北ベトナムがアメリカ，ソ連，中国等の支援を受けて戦争をしていた。1973年にパリ和平協定が成立してアメリカが南ベトナムから撤退し，1975年4月にサイゴンが北ベトナムの手に渡り，1976年に南北が統一されてベトナム社会主義共和国と改称する。1949年にラオスがフランスのインドシナ連邦からフランス連合内での独立を果たし，1953年に完全に独立し，1975年にラオス人民共和国となる。1953年にカンボジアはフランスから独立していたが，ベトナム戦争終結後，内戦と自国民の大量殺戮が起こり，1991年のパリ和平協定のあと，1992～93年に国連カンボジア暫定統治機構（UNTAC）が活動し制憲議会選挙を監視した。その後，同国で内乱を経るが，インドシナ情勢は安定化に向かう。

●条約と機構

ASEAN 加盟国は現在では，次の条約等を承認している——バンコク宣言（1967年），ASEAN 協和宣言（1976年），東南アジア友好協力条約（バリ条約，TAC，1976年），東南アジア平和・自由・中立地帯（ZOPFAN）構想（1971年），東南アジア非核兵器地帯条約（SEANWFZ，1987年），ASEAN 事務局設立協定。

当初，意思決定は実質的に ASEAN 外相会議（ASEAN Ministerial Meeting, AMM）が担ってきた。最高意思決定機関と位置づけられるようになる ASEAN 首脳会議の第 1 回会合は1976年 2 月に開催され，ASEAN 事務局がジャカルタ（インドネシア）に設置されることになった（遠藤聡「ASEAN 憲章の制定：ASEAN 共同体の設立に向けて」『外国の立法』国立国会図書館調査及び立法考査局，第237号，2008年，以下「遠藤 2008」と記す）。

2001年11月の第 7 回 ASEAN 首脳会議以降，ASEAN 首脳会議が恒常的な年次会議となる。ASEAN 事務局（ASEAN Secretariat）の設置は1976年の第 1 回 ASEAN 首脳会議において決定され，1992年 7 月の外相会議でその権限が強化された。

ASEAN 首脳会議（ASEAN Summit）が，ASEAN の最高意思決定機関である。ASEAN 調整会議（ASEAN Coordinating Council）は加盟国の外務大臣，外務副大臣，貿易担当大臣から構成され，ASEAN の貿易・外資政策の調整にあたってきた。

ASEAN 憲章が2007年11月20日，第13回 ASEAN 首脳会議で採択・署名され，翌2008年12月15日に発効した。ASEAN 憲章は ASEAN に地域機構としての法人格を与えるとともに，ASEAN の基礎となる諸原則を再確認し，ASEAN 共同体の創設に向けて，ASEAN の機構の強化，意思決定過程の明確化を目的とするものであった。ASEAN のアンサムが英語の歌詞をつけて作曲された。

EU とは異なり，ASEAN には一党支配の国々が含まれ，直接選

挙で選ばれる議員で構成される欧州議会に対応する，「ASEAN 議会」と呼べるものがない。ASEAN 内での制度調整は，EU に比べると極めて緩慢である。

2．ASEAN 自由貿易地域（AFTA）

　AFTA（ASEAN Free Trade Area）構想は，1992年1月の第4回 ASEAN 首脳会議において決議された。その際に採択された「AFTA のための共通有効特恵関税（CEPT）スキームに関する協定」では，15年間で，原則として域内で生産されるすべての工業製品の域内関税を0～5％の範囲内に引き下げることが目標とされた（遠藤 2008）。1989年にアジア太平洋経済協力（APEC）が誕生し，1993年には EU が発足し，1994年には北米自由協定（NAFTA）が発効するほか，中国がまず ODA や FDI 受入国として登場し，域外では経済制度調整が進んでいた。グループ内で関税引下げを行っていく場合，グループ外に対しては最も高い関税率が一斉に採用されることが多い。それゆえ，自由貿易グループが一旦できれば，そこに入れるか入れないかは業種によって影響の大きさがまったく異なる。AFTA の第一の効果は1990年代後半に，ベトナム，ラオス，ミャンマー，カンボジアの4ヶ国（「CLMV 諸国」と呼ばれる）を新規加盟に導き，ASEAN を拡大させて現在の姿を形作ったことかもしれない。

　東アジア通貨危機の2年後の1999年11月の第3回非公式首脳会議において，1990年代の新規加盟 CLMV 諸国については2015年までに，それ以前の加盟国については2010年までに，域内関税を撤廃することが合意された（遠藤 2008）。

3. ASEAN 共同体，ASEAN 経済共同体の発足

　2003年の ASEAN 首脳会議において「第二 ASEAN 協和宣言」が採択され，その中で2020年までに「ASEAN 共同体」（ASEAN Community）を発足すると宣言していた。しかし，2007年の ASEAN 首脳会議で計画を５年前倒しすることが合意され，第二次大戦後70周年にあたる2015年末に ASEAN 共同体の発足にこぎつけた。ASEAN 共同体は，ASEAN 政治・安全保障共同体（APSC），ASEAN 経済共同体（ASEAN Economic Community，AEC），ASEAN 社会・文化共同体（ASCC）の３つからなる。ASCC と APSC の構築も大切であるが，AEC が最も注目されている。

　AEC の主要目標は，域内関税の完全撤廃である。ASEAN の先発国（シンガポール，タイ，マレーシア，インドネシア，フィリピン，ブルネイ）と，後発国（カンボジア，ミャンマー，ラオス，ベトナム）との間に大きな経済格差がある。2015年末時点で，先発国では95.99％まで関税撤廃が進んでいる。そして ASEAN 域内での物品の自由な移動，サービス貿易の自由化，投資の自由化，資本の自由な移動，熟練労働者の自由な移動等がうたわれ，世界中からその行方が注目されている。

　AEC のブループリントでは，AEC の４つの特徴として，①単一の市場と生産基地，②競争力のある経済地域，③公平な経済発展，④グローバル経済への統合を挙げ，実施のための仕組みや財源等についても言及している。ブループリントの実施については，ASEAN 事務局がモニタリングを行い，その結果は首脳会議および関係相会議に対して報告されている。ただし，ASEAN 諸国は，製造業の成長を導く政策は積極的に採ってきたものの，サービス分野への政策は相対的に少なく，この分野の成長が遅れていることが指

摘され続けている。

　単一市場を作るといっても，通貨統合は話題に上らない。イスラム教では利殖・利子が認められないなど，金融に対する捉え方が独特であり，イスラム金融と呼ばれる独自方式が取られている。

　AEC が設立されたからといっても，それが完成されたとは考えられていない。さらなる統合プロセスを模索するプラットフォームになると考えられており，その進展が注目されるのである（ASEAN 情報マップ 2013年 7 月）。とはいえ，ASEAN 経済の成長は目覚ましく，2007年から2014年の間では，加盟10ヶ国の GDP 総額が1.3兆米ドルから2.5兆米ドルへとほぼ倍増したことは魅力的である。

　2015年末，ASEAN 共同体構築を目指して，ASEAN 事務局作成の『AEC ブループリント2025』と関連レポートが公表された。

　『ASEAN 投資レポート 2015』は，ASEAN 事務局と国連貿易開発会議（UNCTAD）の投資企業部門の協力の下で，オーストラリア政府の支援により準備された。このレポートは，ASEAN でのFDI 展開についてより深い理解を促進するために作成された。域外多国籍企業の FDI によって，技術や経営ノウハウの移転が進行して，この地域の経済成長に貢献したと思われる。全体としては，インフラ投資に大きなウェイトが置かれてきており，さらに電力，電話，運輸，情報通信とインフラ投資に期待が膨らんでいる。また，域内の多国籍企業による CLMV 諸国への FDI が域内の成長格差の解消に役立ち，途上国間の FDI が「南南」協力の強化に向けて重要な役割を果たすとしている。民間企業には民間企業の戦略があることは認識されている。第 8 章で述べたように，UNCTAD が途上国に，「規制する権利を守ること」「投資紛争解決手段を改革すること」「投資環境を改善すること」等を助言していることが注目される。

　ASEAN 事務局と世界銀行の共同レポート『ASEAN サービス統

合レポート』は，ASEAN諸国が，製造業の成長を導く政策は積極的に採ってきたものの，サービス分野への政策は相対的に少なく，この分野の成長が遅れていることが繰り返し指摘されてきたことへの対応策を提案したといえそうである。**国際価値連鎖**（global value chain）を図解し，付加価値の生成過程が解説されていることが目を引く。ASEAN企業のグローバル展開のための指南書のような様相を呈している。技術革新や新製品の開発，知的財産の保護が今後進むかどうか，見守ることになる（第8章参照）。

4．対外関係

ASEANは「対話パートナー」との対話（dialog）を重視してきた。「対話」では，会合による直接成果よりも，会合を重ねることによる相互理解や信頼の醸成を狙うものである。

日本・ASEAN外相会議が1978年6月に開催されて以降，対話パートナーが出席するASEAN拡大外相会議（ASEAN Post-Ministerial Conference, PMC）が，ASEAN議長国で開催されるようになった。

ASEAN地域フォーラム（ASEAN Regional Forum, ARF）は，このASEAN拡大外相会議を発展させる形で，アジア太平洋地域における政治・安全保障分野を対象とする政府間の対話の場として発足し，1994年7月にバンコクで第1回ARF閣僚会議が開催された。①信頼醸成の促進，②予防外交の進展，③紛争へのアプローチの充実，という3段階のアプローチを設定して漸進的な進展を目指している。ASEAN議長国がARFでも議長を務め，毎年夏に開催される。

ARF参加メンバーは，アメリカ，インド，インドネシア，オーストラリア，カナダ，韓国，カンボジア，北朝鮮，シンガポール，スリランカ，タイ，中国，日本，ニュージーランド，パキスタン，

パプアニューギニア，バングラデシュ，東ティモール，フィリピン，ブルネイ，ベトナム，マレーシア，ミャンマー，モンゴル，ラオス，ロシア，EU（全28ヶ国と1機関）である。

「ASEAN＋3 首脳会議」は，東アジア通貨危機の終盤の1997年12月の第2回 ASEAN 非公式首脳会議において，日本，中国，韓国の首脳が招待されて開催された。「ASEAN＋3 首脳会議」の開催は，翌1998年12月の第6回 ASEAN 首脳会議で定例化し，2000年7月からは「ASEAN＋3 外相会議」の開催が定例化した。

東アジアサミット（East Asia Summit, EAS）（第1回）は，2005年12月の第11回 ASEAN 首脳会議の開催に際して，ASEAN＋6で開催された。東アジア地域に「共同体」（community）を形成することが構想された。その後，EAS は，ASEAN 首脳会議に連動して開催され，当初は参加を拒否されたアメリカとロシアが2011年から正式に参加するに至っている。

●東アジア地域包括的経済連携（RCEP）交渉

RCEP（アールセップ，Regional Comprehensive Economic Partnership）は，ASEAN＋6が交渉に参加する広域経済連携である。2012年11月，16ヶ国の首脳が，ASEAN 関連首脳会議の交渉立ち上げ式において，RCEP 交渉立ち上げを宣言した。外務省ウェブサイトに，RCEP 情報を伝えるページがある。

●アジア欧州会合（ASEM）

ASEM（アセム，Asia-Europe Meeting）は，アジア―欧州関係を強化することを目的とする定期的なフォーラムで，現在，2年ごとに会合を欧州とアジアで開催している。ASEM では，相互尊重と平等の精神に基づき，政治，経済，社会・文化等を3つの柱とした活動を行っている。

外務省ウェブサイトに設立経緯がある。1994年10月，シンガポールのゴー首相は，第 3 回「東アジア・欧州経済サミット」での提言を受けて，アジアと欧州の関係強化を目的として首脳が直接対話する「アジア欧州サミット構想」を打ち上げ，当時の次期 EU 議長国フランスのバラデュール首相に提案した。そして，フランスが EU 各国に働きかけた結果，1996 年 3 月にバンコク（タイ）で「アジア欧州会合第 1 回首脳会合」が開催され，アジア・欧州の25ヶ国と欧州委員会の首脳が集う「アジア欧州会合」が実現した。これにより，冷戦後の国際社会の中でダイナミックな変容と発展をとげる 2 つの大きな地域が，率直な対話を行う場が設定された。当時の ASEAN 7 ヶ国と EU の間にはすでに閣僚レベルの対話の場が存在していたが，アジア側に日本，中国，韓国が参加する形になった。

　参加国・機関は，アジア側か，欧州側か，いずれかの側に参加することになっている。

アジア側：オーストラリア，バングラデシュ，ブルネイ，カンボジア，中国，インド，インドネシア，日本，カザフスタン，韓国，ラオス，マレーシア，モンゴル，ミャンマー，ニュージーランド，パキスタン，フィリピン，ロシア，シンガポール，タイ，ベトナム，ASEAN 事務局（全21ヶ国と 1 機関）

欧州側：オーストリア，ベルギー，ブルガリア，キプロス，チェコ，クロアチア，デンマーク，エストニア，フィンランド，フランス，ドイツ，ギリシャ，ハンガリー，アイルランド，イタリア，ラトビア，リトアニア，ルクセンブルク，マルタ，オランダ，ノルウェー，ポーランド，ポルトガル，ルーマニア，スロバキア，スロベニア，スペイン，スウェーデン，スイス，英国，欧州連合（30ヶ国と 1 機関）

（外務省ウェブサイト　2015/ 9 /24）

5．政策研究協力

1997年の東アジア通貨危機以降，ASEAN+3（日中韓）やASE-AN+6（日中韓，オーストラリア，ニュージーランド，インド）での政策研究の連携が図られた。

●東アジア・ASEAN経済研究センター（ERIA）

ERIA（Economic Research Institute for ASEAN and East Asia）はASEAN+6で，アジア版OECDを目指して政策協力のためのデータの収集と分析，政策研究を進める機関である。2006年8月の東アジアの経済担当相会議で提案された。2007年11月の第3回東アジアサミットの議長声明等を受け，2008年6月3日に，ASEAN事務局（ジャカルタ）においてERIA設立総会が開催され，ERIAが正式に設立された。

●ASEAN+3 マクロ経済研究所（AMRO）

ASEAN諸国にとっては，ASEAN+3を構成メンバーとするフォーラムの方が都合がよいようである。ASEAN主導で，AMRO（ASEAN+3 Macroeconomic Research Office，アムロ）が2011年にシンガポールに設立された。2016年に国際機関となり，外貨スワップ制度であるチェンマイ・イニシアティブ発動に必要なマクロ経済と政策の研究を行う機関となった。同制度発動に向けての意思決定には，「ASEAN+3」の財務副大臣級・中央銀行副総裁級の代表のほか，香港の金融当局の代表が加わることになっている。

6. ASEANと日本

　ASEANと日本との関係は，日本貿易振興機構（JETRO，ジェトロ）や日本商工会議所のウェブサイトからたどることができる。サヤボン・シテサイ（ラオス国立大学）の『ASEANにおけるリージョナリズムと多国籍企業—日本企業の対 ASEAN 5 投資と経営活動に関する史的考察—』（早稲田大学商学研究科提出博士論文，2015年3月）が詳しい歴史を伝える。

　1950年代，日本は東南アジア諸国との貿易を再開した。日本政府が1971年まで海外直接投資（FDI）を規制していたため，日本のFDIは資源開発投資，政府開発援助（ODA）に絡んだ投資，そして東南アジア側の輸入代替政策に対応する日系企業の現地生産開始が中心であった。つまり1960年代になると，東南アジア諸国政府が自国の工業育成を図って一部製品の輸入を禁止し，輸出品製造企業に対して現地生産（international production）の開始を促す，いわゆる輸入代替政策をとり，外資規制の段階的緩和に乗り出した。そのため，日本企業は現地企業との合弁（joint venture）でASEANでのFDIを行って，現地生産（海外生産）を開始したのである（第6章参照）。

　1972年以降，日本のFDI規制緩和により，日本企業のFDIがASEANなどで急伸した。日本人の経済活動が顕著になると，現地の人々は「日本の経済侵略」が始まるのではないかとの危惧を抱くようになった。後述のように，日本の経済団体も東南アジアで節度のあるビジネスを展開するように，傘下の企業に注意を呼び掛けていた。しかし，すべての企業が経済団体に加入しているわけではなく，行きすぎた行為があったと感じている日本人たちがいた。

　1974年1月，田中角栄首相がASEANを訪問した時，ジャカル

タ（インドネシア）やバンコク（タイ）で暴動が発生し，日本車が打ち壊されたり運河に落とされたりした。この時期，国連貿易開発会議（UNCTAD）等で表面化したように，南北対立が先鋭化していたことを忘れてはならない。ASEAN 側では，既述のように1976年2月に初の首脳会議が開催された。そして，ASEAN 設立10周年を迎える準備が関係者により周到に始まった。

1976年8月，ASEAN 側は，日本，オーストラリア，ニュージーランドのそれぞれと首脳会談を行うために，3首脳をクアラルンプール（マレーシア）へ招待した。日本側もそれに応えるべく準備をして，オーストラリアおよびニュージーランド首相と共に ASEAN 5ヶ国首脳との歴史的首脳会議に臨んだ。会談の結果，日本はASEAN の連帯と強靱性強化の努力に積極的に協力すること，ASEAN との間に「特別かつ緊密な経済関係」を樹立することなどを合意し，その旨共同声明で表明した。

具体的には，日本は主として次のような ASEAN 協力を行うことに合意した。

(i) 経済協力—5つの ASEAN プロジェクトに対する総額10億ドルの援助要請を好意的に考慮。
(ii) 貿易問題—関税，非関税措置の撤廃ないし軽減を多角的貿易交渉（MTN）の枠内で検討。一般特恵制度の改善を検討。ASEAN 貿易観光常設展示場の東京設置。一次産品輸出所得安定化問題につき共同検討。その他一次産品問題における協力。
(iii) 文化協力—ASEAN 域内の文化協力促進に対し資金面も含めて協力。

福田赳夫総理は日本・ASEAN 首脳会談のあと，8月9日より18日まで ASEAN 5ヶ国およびビルマを歴訪した。同総理大臣は8月18日，最後の訪問地マニラにおいて演説し，日本の ASEAN を含

む東南アジア地域全体に対する外交姿勢を以下の 3 つの原則として表明した。

(a) わが国は，平和に徹し軍事大国にはならないことを決意しており，そのような立場から，東南アジアひいては世界の平和と繁栄に貢献する。

(b) わが国は，東南アジアの国々との間に，政治，経済のみならず，社会，文化など広範な分野において，真の友人として「心と心のふれ合う相互信頼関係」を築きあげる。

(c) わが国は，「対等な協力者」の立場に立って，ASEAN 及びその加盟国との連帯強靭性強化の自主的努力に対し，志を同じくする他の域外諸国と共に積極的に協力し，また，インドシナ諸国との間には相互理解に基づく関係の醸成をはかり，もつて東南アジア全域にわたる平和と繁栄の構築に寄与する。

このマニラ・スピーチは，日本が戦後初めて示した積極外交姿勢として高く称賛され，後に「福田ドクトリン」と呼ばれ，「heart-to-heart relations」と「equal partnership」のフレーズとともにASEAN 諸国ほか関係諸国に現在も記憶されている。実際，日本・ASEAN 関係は大きく前進し，双方の関係は「新時代の幕開け」を迎えることとなった。

日本の経済団体の努力にも注目しておこう。日本の主要経済団体は1974年 7 月，日本在外企業協会（http://www.joea.or.jp/）を発足させてさらに情報的提供に努めている。1973年 6 月の ASEANへの FDI を念頭においた指針「発展途上国に対する投資行動の指針」は，1987年に先進国への FDI にも適用される「海外投資行動指針」に，2014年には「企業グローバル行動指針」に改訂された。日本の多国籍企業に期待される「行動方針」は，ASEAN 経済共同体（AEC）形成において期待されている「途上国企業の途上国へ

の FDI」でも指針とされることが望まれていることであろう。

かくして多国籍企業の途上国向け FDI に対する見方が変化し，技術移転や製造業の雇用吸収力の魅力が増したといえる。国連越境企業センター（UNCTC）や UNCTAD での途上国政府と越境企業の「対話」，多国籍企業研究の成果も見逃せない（第 6 章参照）。

21世紀になってから ASEAN や同加盟国についての書物が増えた。福田ドクトリンについては，Lam Peng Er 編集の *Japan's relations with Southeast Asia: the Fukuda doctrine and beyond*（Routledge, 2013），ASEAN と日中の経済関係については，トラン・ヴァン・トゥ編『ASEAN 経済新時代と日本』（文眞堂，2016年）が利用しやすい。

第18章
東アジアの国際フォーラム

　本章では，東南アジア諸国連合（ASEAN）と関連フォーラム以外の国際フォーラム，重要な国際会議をみよう。アジア太平洋経済協力（APEC）は経済制度の国家間調整に関連して，経済協力開発機構（OECD，本部パリ）によって欧州連合（EU）と並べて注目されることがある。APECとEUの加盟国には重複はないが，APECとOECD，EUとOECDにはそれぞれ重複加盟国があり，相互に矛盾するルールや制度は維持できないからである。東アジアあるいはアジア全体では，この地域を代表する国際機関は存在しないため，アジア開発銀行（ADB）が時としてアジアを代弁することがある。

1．アジア太平洋経済協力（APEC）

●APECの特徴

　APEC（Asia-Pacific Economic Cooperation，エイペック）は，アジア太平洋地域の持続的成長と繁栄を目標として，「開かれた地域主義」による経済連携を目指す経済フォーラムである。現在では21の国と地域（21 economies）が参加し，貿易・投資の自由化，ビジネスの円滑化，人間の安全保障，経済・技術協力等の活動を進める活動を行う（http://www.apec.org/）。

　APEC自体には協定も条約もなく，協調的自主的な行動が期待され，国際貿易機関（WTO）への参加を促しているようにみえる。

1989年に設立されたが，前史がある。

● 前 史

APEC 発足に直接つながったのは，1980年設立の太平洋経済協力会議（Pacific Economic Cooperation Council, PECC）の活動であった。PECC はアジア太平洋地域の国際協力を推進するフォーラムで，産官学の三者より構成される。『PECC の進化：25年史』（2005年）が便利である。

戦後，太平洋地域での協力体制構築に際して，リーダー格の1人に国際経済学者の小島清（1920-2010）がいた。彼は1960年代にヨーロッパでの市場統合（1967年の欧州共同体設立，1968年の欧州共同体内の関税撤廃）を見て，太平洋自由貿易地域（PAFTA）を提案した。当時は実行可能ではないとされたが，研究交流からの刺激は，1969年開始の太平洋貿易・開発（Pacific Trade and Development, PAFTAD）会議の開催につながった。アジア太平洋地域経済の成長と相互依存関係についての包括的理解を得ようとする研究交流が行われ，若手人材の育成につながったとされる。小島によれば，とにかくデータを持ち寄ってセミナーをすることから始めたとのことであった（2006年12月26日談）。1967年には，太平洋経済委員会（Pacific Basin Economic Council, PBEC）が始まった。

小島の PAFTA 構想から規制権限を省いた太平洋貿易開発機関（OPTAD）を，オーストラリアの P. ドライスデールが提案した。国際派の大来佐武郎も関心を寄せ，それがさらに緩やかな APEC につながってゆく。

● 略 史

1989年1月，ホーク豪首相がアジア太平洋地域の会合の場の創設を提唱し，11月，APEC が，アジア太平洋地域における政府間経

済協力の場として，キャンベラで開催された第1回閣僚会議により発足した。原加盟国は，オーストラリア，ブルネイ，カナダ，インドネシア，日本，韓国，マレーシア，ニュージーランド，フィリピン，シンガポール，タイ，アメリカの12ヶ国である。

APEC拡大過程は次の通り。1991年，中国，中国香港，チャイニーズ・タイペイ（台湾）が揃って参加した。1993年，メキシコ，パプアニューギニア参加。1994年にチリ，1998年にペルー，ロシア，ベトナムが参加して，21のエコノミーとなる。

1990年以降，シンガポール，ソウル，バンコクで毎年，閣僚会議が開催され，1993年のシアトル閣僚会議の直後には，クリントン米大統領の提案により，非公式な形での首脳会議が初めて開催された。

1994年，インドネシアのボゴール宮殿で開かれた非公式首脳会議において「APEC経済首脳の共通の決意の宣言」（ボゴール宣言）が採択された。2020年（先進経済は2010年）までに域内の貿易・投資自由化の目標を達成する，また，開発協力を促進するとの長期的な目標が掲げられた。

1995年，日本は，大阪において第7回閣僚会議および非公式首脳会議を開催した。この大阪会合で，ボゴール宣言が掲げた長期的目標に至る道筋を示す「大阪行動指針」などを採択した。

2006年11月には，ハノイで閣僚・首脳会議が開催され，ベトナム戦争終結後，アメリカの大統領が初めてベトナムを訪問した。

2007年9月に，オーストラリアのシドニーで諸会議が開催され，アジア太平洋自由貿易圏（FTAAP）構想を含む，地域経済統合の強化がうたわれた。この後，FTAAPは頻繁に言及される。

2010年，日本は主に横浜において多くの会議（200以上）を開催した。ボゴール目標達成評価に関する首脳声明が出された。

APEC事務局（シンガポール），ホスト国，ともに，最近はインターネット連結性を高めるべく，ウェブサイトを（英語で）構築し

ている。2010年から事務局は APEC プロセスを支援し，予算を管理する。APEC 政策支援ユニット（The APEC Policy Support Unit, PSU）が組織され，前年・今年・次年のホストエコノミー，オーストラリア，日本，韓国，ニュージーランド，シンガポール，台湾，アメリカが加わっている。外務省のウェブサイトで APEC の活動が日本語で報告されている。

2．国連アジア太平洋経済社会委員会（ESCAP）

　国連経済社会理事会は，1947年3月の第4回理事会決議により，その下部機構の1つとして，国連アジア極東経済委員会（Economic Commission for Asia and Far East, ECAFE, エカフェ）を設立した。2007年に『60年史』が作成された。本部は当初，上海に置かれたが，1949年前半にバンコクに移転した。のちに太平洋地域諸国の加盟が増加したこと，社会開発の重要性に対する認識が深まったことなどを反映して，1974年8月に現在の国連アジア太平洋経済社会委員会（Economic and Social Commission for Asia and the Pacific, ESCAP, エスキャップ）へと名称が変更された。日本は1952年に準加盟，1954年に正式加盟し，域内における数少ない先進国の1つとして，ECAFE, ESCAP のほとんどすべての活動に参加し，資金拠出や技術指導などに積極的な協力を行ってきた。通商産業省・経済産業省の『通商白書』に毎年の活動記録がある。

3．アジアの開発銀行

●アジア開発銀行（ADB）

　ADB（Asian Development Bank）は，ECAFE（現 ESCAP）が発案し，1963年の第1回アジア経済協力閣僚会議においてその設立

が決議され，日本の大蔵省（財務省）が関与して1966年に正式に発足した。本部はマニラにあり，アジア開発銀行研究所（ADBI）が東京におかれている。ADB の目的は，「アジア・太平洋地域における経済成長及び経済協力を助長し，途上国の経済開発に貢献すること」である。国際機関の発案で，関係各国政府が動いて地域の公的機関の設立に至ったケースはあまり多くない。ADB には2017年2月現在，67の国および地域が加盟しており，日本など域内加盟国が48ヶ国，域外加盟国数（北米，ヨーロッパ）が19ヶ国である。ADB の活動はウェブサイトに詳しい（http://www.adb.org/）。

　ADB は年次総会をアジア域内と域外で交互に開き，機関投資家によるセミナー，エコノミストやコンサルタント向けセミナー・セッションを並行して開催していて，名刺交換も盛んなようだ。ADB 第40回年次総会は2007年5月上旬に京都で開催され，並行して ASEAN＋3蔵相会議も開催された。京都では，東アジア債券市場の育成やセキュリタイゼーション（「証券化・債券化」）が話題になり，経済危機防止だけではなく，投資家にとって魅力的な市場にするために，経済統計データを作成して透明性を高めることが不可欠であるという共通認識が存在していた。そして，ハイリスクであっても相当の利益が上がると予想されれば，一般投資家をひきつける商品を提供できるだけの金融技術があり，その背景には，情報通信技術やファイナンス理論の発達があることが感じられた。

　また，ADB が共通通貨（単位）の創設に向けても積極的に努力したいという姿勢も伝わってきた。しかし，東アジアでの債券取引量はまだ少なく，金融ストック量の増加は経済成長と歩調を合わせるものだという共通認識もあり，共通の通貨や通貨単位の創設に向けてそれを支える地域経済の成熟を期待するエコノミストたちもいた。そして，金融ストック量が少ないところでは，機関投資家たちによる相対取引や三角取引の連鎖を通じてリスク管理がなされてい

る。そして，銀行の企業向けローンを債券化して販売するために，東アジア金融経済を専門とする債券格付け機関の役割に期待がかけられていた。

2007年8月にBNPパリバ傘下の3つのヘッジファンドの資産が凍結される前の状況である（第15章参照）。

●アジア・インフラ投資銀行（AIIB）

AIIB（Asia Infrastructure Investment Bank）は，2016年に中国主導で設立された地域開発金融機関で，本部は北京にある。最初の融資はADBと，第2の融資は世界銀行と，第3の融資は欧州復興開発銀行との協調で実施される。

4．日中韓三国協力事務局（TCS）

TCS（Trilateral Cooperation Secretariat）は，日中韓三国の協力関係強化のために，2011年9月にソウルに設立された政府間国際機関である。日中韓三国協力は，1999年にASEAN＋3首脳会議の際に行われた日中韓首脳朝食会から始まり，2008年には日中韓サミットがASEAN＋3の機会とは切り離して初めて単独で開催された。経済などのデータを収集して研究レポートを公表し，東南アジア諸国連合（ASEAN），アジア太平経済協力（APEC），国連（UN），欧州連合（EU）など他の国際機関との協働も機能的活動に含められている。技術標準に関する議論にも期待が寄せられていると思う。ウェブサイトは3ヶ国語と英語で構築されている（http://jp.tcs-asia.org）。

5．重要な国際会議

●バンドン会議

1955年4月16日にバンドンでアジア・アフリカ会議が開催された。呼びかけたのは，ビルマ（現ミャンマー），インド，インドネシア，セイロン（現スリランカ），パキスタンの5ヶ国で，参加したのはアジア23，アフリカ6ヶ国。インドのネール首相，インドネシアのスカルノ大統領がリーダー格で，日本から高碕達之助（経済審議庁長官）が出席した。中国本土北京政府の周恩来首相が招かれて出席したことが注目される。

4月24日に，「世界平和と協力についての共同宣言」（バンドン十原則）を発表した──①基本的人権と国連憲章の尊重，②主権と領土の保全，③人種と国家間の平等，④内政不干渉，⑤自衛権の尊重，⑥集団防衛の排除，⑦武力侵略の否定，⑧国際紛争の平和的解決，⑨相互協力の促進，⑩正義と義務の尊重。①の国連憲章の尊重とは必ずしも両立が容易ではない原則──④と⑥──もあるが，反植民地主義では一致して盛り上がり，いわゆる南北問題に光をあてた。1961年の非同盟諸国会議の理念に継承され，アジア・アフリカ諸国の独立に拍車をかけ，1970年頃までに国連にも加盟したので1国1票をもつ同総会では一大勢力となった。中国とインドの路線対立があり，その後は，2005年4月の「バンドン会議」50周年記念会議，2015年4月の60周年記念会議になる。

●国際経済協会（IEA）蒲郡円卓会議

1960年4月に第13回 IEA（International Economic Association）円卓会議「東アジアに重点をおいた経済発展」が中山伊知郎の尽力で蒲郡で開催され，世界の大学や国際機関（世界銀行，ECAFE，

ユネスコ）の著名な経済専門職たちが参加した。

　いくつか興味深い論点を含んでいるので，荒憲治郎によるまとめ（『日本経済学会連合ブレティン』1960年）を参照して，紹介しておこう。

　後進国の経済発展にとって，それが民主主義的経済体制の下で進められる限り，発展の担い手としての企業者および技術者の育成は重要な問題である。この問題に関して，第1に国営企業の育成が，私的企業の企業者の育成にとってマイナスとなるのではないかという疑問が提出された。しかし，インドのロカナサンは，インドの経験ではむしろ事態は逆であると主張した。第2に技術者の育成に関して，先進国で開発された産業技術の導入の重要性が同じように強調されたが，後進国の技術援助については，自由主義国からよりも，共産主義国からの方がはるかに適切であるとされ，また技術知識の需給を結びつける国際機関の必要性が唱えられた。

　大来佐武郎とインドの A.K. センが「技術選択」の問題を取り上げた。問いは，「はたして西欧諸国の産業技術は，そのままで東南アジアに適用可能であるか」であった。大来はむしろ中小規模の日本の産業および農業の技術こそが東南アジアにとって適切であると主張し，東南アジアの生産技術の選択は，投資効率と雇用効率を考慮しながら，簡単なものから複雑なものへと段階的プロセスをたどることが適切である，と論じた。それに対してセンは問題を資本集約度の形で提出し，特に農業では工業化の段階がかなり進行するまでは，労働節約的であるよりは，土地節約的技術の選定が求められるべきである，と論じた。荒は，「この技術選択の問題は，理論的にも実際的にもかなりの問題を含んでいる。はたして東南アジアは徐々なる段階的技術選択によって工業化をなしとげ得るものであろうか。この疑問をめぐって数多くの討議が交わされたが，確たる結論は得られなかった」とした。

「技術選択」の問題について，東南アジア諸国では，（日本の）民間企業の海外直接投資（FDI）を受け入れることで解決してゆくように思われる。シンガポール，フィリピン，タイで，最初は合弁の形でFDIを受け入れてゆくことになり，経済成長に結びついたと考えられている。

蒲郡会議の記録は，K.ベリルの編集で *Economic Development with Special Reference to East Asia* と題して1964年にIEAから出版された（リプリントも利用可能）。しかし，出版に時間がかかったことと，他地域での技術選択の事情・FDIの捉え方とは異なる部分が多かったため，他の開発会議の参加者に利用されることなく忘却された可能性がある。

第**19**章
東アジアと国際金融史

1997年後半の東アジア通貨危機は，東南アジア諸国連合（ASE-AN），中国，韓国，日本の13ヶ国（ASEAN＋3）の間に，政策協力や金融機関の相互監視の機会を与えることになった。より詳しい文献については，池尾『日本の経済学』と「1997年東アジア通貨危機と2008年アメリカ金融危機の再考」（『早稲田商学』，2011年）を参照していただきたい。

1．1990年代東アジア―好況から危機へ

世界銀行レポート『東アジアの奇跡』（1993）によって，東アジア諸国の経済成長が注目され，市場に友好的な政府の成長政策が貢献していたとの分析が議論を呼ぶことになった。東アジアの経済成長について，アメリカの経済学者たちは専門誌以外の媒体で，対立する見解を発表していた。その後，日米の経済学者たちは，東アジアでの経済成長について，理論的・実証的側面からの学術的研究も推進したのであった。

1997年後半に通貨危機を経験した後で，東アジアの金融・経済について明らかになったことがたくさんあった。10年後の2007年に，1997年の通貨危機を振り返る会議がいくつか開催され，政策協調や共同研究が実施されてきたことがわかった。日本国際問題研究所の月刊誌『国際問題』の2007年7・8月合併号（563号）で，特集「焦点：危機10周年のアジア経済」が組まれ，伊藤隆敏が「1997年アジ

ア通貨危機：原因と深刻化の理由」を寄稿した。『アジア経済政策レビュー』（*Asian Economic Policy Review*）の2007年の第2巻第1号でも，同様のテーマで特集が組まれた。R. カーネイ編『アジア金融危機の教訓』（R. Carney ed. *Lessons from the Asian Financial Crisis*, Routledge, 2009年）は，日本・シンガポールでの国際会議を反映させた論文集である。

　伊藤隆俊は，1994年にメキシコ危機が発生した時には，アメリカのワシントンにある国際通貨基金（IMF）本部にいて迅速な対処に立ち合い，1997年には東京にいて議論の場に参加し，IMF の対応の緩慢さに歯がゆい思いをしたようだ。

　通貨・金融危機の発生原因は解明されている。東南アジアでの米ドル・ペッグ（釘付け）政策の下で，ダブル・ミスマッチ（米ドルで短期連続的に借りて，現地通貨で長期で投資する）に根本的な問題があった一方で，変動相場制移行後の通貨・金融危機においては，流動性不足（illiquidity）への迅速で大胆な対処が必要であったことも明瞭になっている。

　10年後の2007年5月の京都でのアジア開発銀行（ADB）年次総会と並行して行われたセミナーにおいて，タイのチャロンポプ・スサンカーン財務大臣は，1997年の金融危機までの政策——特定通貨へのペッグ（釘付け）制と国内金利（高め）固定政策という組合せ——が誤っていたことをはっきりと認め，当時はマクロ経済統計といえば国内総生産（GDP）の年次データしかなく，国内経済の透明性を欠いていたので，経済統計データを増やして透明性を保つ努力を続けていることなどを説明した。さらに彼は，特定通貨への為替レート釘付け政策の危険性を指摘し，民間部門の活動に逆らうような規制には消極的な姿勢を示し，そして政策当局は市場がどのように作用するのかを知るべきであり，ヘッジファンドと対話をすることも有意味ではないかと示唆したのであった。

第19章　東アジアと国際金融史── 217

　1997年当時の財務大臣タノン・ビダヤも，６月のアジア開発銀行研究所−経済産業研究所（ADBI-RIETI）シンポジウム（東京）において，当時の政策の過ちを認めたのであった。

２．1997年の東アジア通貨危機

　1990年代初頭から，成長する東アジアでは金利や参入規制の緩和を実施して，国内金融市場の自由化および国際資本移動の自由化を進めていた。東南アジアでは自国通貨を米ドルにペッグする政策を採用し，金利を相対的に高めに誘導して，先進諸国からの借入れを集めていた。その中心は，国内の民間部門による，外国の金融機関からの短期（償還期限１年以内）の借入れであった。1996年頃から外国の投資家たちがタイから資金を引き揚げ始めたとき，タイ通貨当局は外貨準備を取り崩して外貨需要に応じていた。そして外貨準備が不足したため，1997年７月２日にタイ当局が米ドル・ペッグ政策を放棄して変動相場制に移行すると，バーツは下落し始めた。そして，図表19-１のように，通貨危機が東アジア諸国に広がっていった。

　伊藤が1997年の論文等で主張するように，７月２日のタイ・バーツのフロート制移行から，12月末の韓国ウォンが危機的状況に陥るまで，約半年の期間があり，政策に関する意思決定がなされる機会が幾度かあった。それにも関わらず，この半年の間に，通貨危機が伝染するように東アジア全体に波及したのであった。

●IMF パッケージとコンディショナリティ

　表にあるように，タイ，インドネシア，韓国が，IMF，ADB，日本，アメリカなどから緊急支援を受けた。危機に陥った国への

図表19- 1　1997年東アジア通貨危機の進展（伊藤の2007年論文をもとに作成）

7月2日	タイ・バーツ　変動制移行　2週間で，バーツは15％下落
7月11日	フィリピン・ペソ　変動制移行　下落 インドネシア・ルピア　変動幅を12％に拡大　下落
7月14日	マレーシア・リンギ　変動制移行　下落
8月20日	いわゆるIMFパッケージのタイ支援総額172億ドル発表 　　　（IMF40億ドル，日本40億ドル，アジア諸国65億ドル， 　　　世界銀行・アジア開発銀行27億ドル） 　　非公表だったタイ中銀の先物のドル売りポジションが234億ドル，短期民間債務が300億ドル以上あることが明らかになる。
10月中旬	インドネシア・ルピア下落加速
11月4日	IMF理事会　インドネシア向け支援400億ドル承認 　　　　厳しいコンディショナリティが課される 　　　（伊藤は，裏目であったのではないかと考えている） 　　日本，インドネシア，シンガポール，協調介入 　　ルピアは2週間上昇した後，12月末まで下落
11月中旬	海外の投資家が韓国企業・金融機関への融資の借り換えを突然，拒否し始める
12月	韓国ウォン下落
12月4日	IMF理事会　韓国支援570億ドル承認　厳しいコンディショナリティ 　　　（韓国では，『IMF危機』と呼ばれるほどの事態が発生した）

IMFの処方箋は，中期的には不可避のマクロ政策変更（例えば，無駄な政府支出の削減や増税による財政赤字の解消），構造改革（補助金の削減，労働市場改革や政府調達の透明化など）が中心となる。例えば，IMF融資には次のような機能が期待された。通貨危機に陥ってIMFの融資を必要とする場合には，国内経済にすで

に深刻な諸問題が存在するはずであり，IMF という外圧を利用して，危機に陥った政府が「痛みを伴うが必要な」政策変更を行う。IMF は善意の「悪者」を演じることで公共的な役割を果たすのである，と IMF は説明する（IMF ウェブサイト）。

　しかしアジア通貨危機の場合には，この融資条件が逆に危機を悪化させたのではないかという批判が続いた。韓国では「IMF 危機」と呼ばれるほど，国際通貨不足と経済危機に襲われたのであった。そして，東アジア通貨危機の記憶は，東アジアの政策担当者の心の中には傷を残したとされる。政策担当者や学者が，東アジア経済，特に金融部門に存在していた「脆弱性」がアジア通貨危機の原因の１つであったことを認め，危機を経験して経済構造が頑強なものに改善された，と考えている。しかし，危機の悪化を防ぐために，タイ，インドネシア，韓国が融資を受けた IMF の果たした役割について，関係各国の学者や政策担当者たちは疑念をもった。

　実際，マレーシア経済研究所のモハメド・アリフは，マレーシアは IMF のコンディショナリティの受入れを拒否して，通貨危機を財政出動で乗り切ったと自負した（『アジア経済政策レビュー』2007年１号）。また2012年10月，東京で IMF 世界銀行総会が行われた時，ロイター通信が，「焦点：IMF が緊縮一辺倒の過ちを認める，遅すぎた方向転換」と題する記事（10月15日付）で，「D. ストロス－カーン前専務理事が2010年に，IMF がアジアにおいて『過ち』を犯したことを認めた」とインターネットに掲載して話題になった。ロイターの英語版記事タイトルは，「Analysis: Aid recipients welcome IMF's shift on austerity」である。IMF は緊急融資を受けた国々では1998年の経済成長はプラスになると予想したにもかかわらず，マイナスに転じたのであった。IMF ウェブサイトには，ラガルド専務理事が「助言は，与えるのも受けるのも時として難しい」などと述べたことが伝えられている。

第7章で述べたように，1980年代，IMFは世界銀行と緊密に協力して，低所得発展途上国の構造改革を推し進めようとしていた。1997-98年の東アジア通貨危機は，IMFが緊急融資を行う国に対して厳しい構造マクロ調整策を適用することにしている時期に発生し，同策が適用された。その後まもなく1999年に，IMFの危機対策の基本方針は改訂されたのである。

　1998年には，中国を除く東アジアのほとんどすべての国で景気が後退しマイナス成長となったものの，危機は収拾され，1999年以降，東アジア経済は順調に回復した。東南アジア諸国連合（ASEAN）と中国は，欧州連合（EU）と繊維製品輸出で摩擦を起こすほど回復し，ASEANは原油や石油製品について域内超過需要のポジションにシフトした。

●アジア通貨基金（Asian Monetary Fund, AMF）構想

　1997年の通貨危機の最中，アジア通貨基金（AMF）設立構想が8月半ばから9月中旬にかけ非公式に何度か議論された。タイへの支援において，「パッケージ」という手法をとらざるをえなかったからである。外貨流動性危機に直面する国に対する支援メカニズム創設の議論が起き，正式の提案の記録は残されていないが，関係者の間では大いに議論されたようである。AMFは，各国が外貨準備の一部を拠出してそれをプールし，危機に陥った国に貸し付ける，という仕組みであったという。アクセス・リミットのためにIMFだけの資金では新興国の通貨危機に対処できないこと，あらかじめ資金をプールしておくことで投機家に対して抑止力をもつことが期待されること，もし危機が発生したときには迅速に融資を実行できることがメリットと考えられた。しかし，この構想は，IMF，米国，中国の反対にあい，実現しなかった（伊藤 2007論文等参照）。

3. 金融危機防止メカニズム

　1997年末より，ASEAN＋3の会合が催されるようになった。金融機関や金融政策の相互監視が行われるようになったほか，財務大臣・財務省が中心となって，チェンマイ・イニシアティブ（マルチ化）の構築，アジア債券市場育成イニシアティブが実施されてきた（財務省ウェブサイト参照）。

●チェンマイ・イニシアティブ（Chiang Mai Initiative: CMI）

　「アジア通貨基金」構想がついえた後，財務大臣・財務省が中心となって，代わりの金融協力メカニズムが議論され続け，通貨スワップ取極めのネットワーク化が図られた。2000年5月の第2回ASEAN＋3財務大臣会議（於：タイ・チェンマイ）において，外貨準備を使って短期的な外貨資金の融通を行う二国間の通貨スワップ取極のネットワークであるCMIが合意された。CMIの下で，2003年末までに，日本，中国，韓国，インドネシア，マレーシア，フィリピン，シンガポール，タイの8ヶ国の間で二国間通貨スワップ協定（Bilateral Swap Arrangement, BSA）のネットワークが構築された。その後，通貨スワップ発動のための当局間の意志決定の手続きを共通化し，支援の迅速化・円滑化を図るため，2010年3月，CMIのマルチ化契約が締結された。

　CMIは，①短期流動性問題への対処，②既存の国際的枠組みの補完，を目的とする，東アジアにおける自助・支援メカニズムである。

　2010年まで，CMIは，BSAのネットワーク，ASEANスワップ協定（ASEAN Swap Arrangement）により構成されていた。BSAとは，通貨交換（スワップ）の形式によって，短期的な資金の融通

を行う取極であった。BSA のネットワークとは,「(スワップの発動方法や条件を規定する)基本原則」に基づく通貨スワップ取極をASEAN+3 各国が二国間ベースで多数締結するもので,締結相手の選択は各国の判断に任された。スワップの発動条件は,基本的にIMF 融資とリンクしていた。ただし,締結されたスワップ総額の20% までは IMF 融資とのリンク無しに発動可能とされた。ASEAN 原加盟国 5 ヶ国と日中韓が参加した。

　2010年 3 月には,CMI マルチ化契約が発効した。一本の契約の下で,通貨スワップ発動のための当局間の意思決定の手続きを共通化し,支援の迅速化・円滑化を図ることになった。スワップの発動条件は,基本的に IMF 融資とリンクしている。ただし,締結されたスワップ総額の20% までは IMF 融資とのリンク無しに発動可能とされる。ASEAN 全加盟国(10ヶ国)と日中韓が参加する。

●アジア債券市場育成イニシアティブ(ABMI)

　2003年,第 6 回 ASEAN+3 財務大臣会議(於:フィリピン・マニラ)において,アジア債券市場育成イニシアティブが合意された。ABMI(Asian Bond Market Initiative)は,アジアにおいて効率的で高い流動性をもつ債券市場を育成することにより,アジアの貯蓄をアジアの投資に向けることを目的とする。

　これまでに数多くの検討課題が精力的に取り組まれてきた。これまでの取組みにより,日韓両国政府の協力の下での国際的な債券担保証券(CBO)が発行された。タイ,マレーシア,インドネシアにおいて,日本の国際協力銀行(JBIC)や日本貿易保険(NEXI)による信用補完を通じた日系現地合弁企業による起債が行われた。マレーシア・タイ・中国・フィリピンにおいて JBIC,世界銀行,アジア開発銀行(ADB),国際金融公社(IFC)による現地通貨建て債券が発行された。また,アジア・ボンド・オンライン(Asian

Bonds Online, http://asianbondsonline.adb.org/）による，債券市場
や ABMI の進展に係る情報発信が行われてきた。

　2010年9月には，ASEAN＋3 域内のクロスボーダー債券取引を
促進することを目的として，クロスボーダー債券取引に係る市場慣
行の標準化や，規制の調和化を図るため，官民一体のフォーラムと
して ASEAN＋3 債券市場フォーラム（ABMF: ASEAN＋3 Bond
Market Forum）が設置された。2010年11月には，域内の企業が発
行する社債に保証を供与することで，現地通貨建て債券の発行を支
援し，域内債券市場の育成に貢献するため，信用保証・投資ファシ
リティ（CGIF: Credit Guarantee and Investment Facility）が設立
された。

4．IMF からみた東アジア通貨危機

　1997年の東アジア通貨・金融危機について，IMF の主張や，
IMF の救済を受けた国々や周辺の政策担当者の意見を取材して著
された変わったタイトルの書籍が出ている。ジャーナリスト P. ブ
ルースタインの『懲らしめ』（*The Chastening*, 2001, 2003）で，邦
訳が『IMF：世界経済最高司令部 20ヵ月の苦闘』（東方雅美訳，楽
工社，2013年）である。実は，東アジアで取材を受けた側の人たち
も2007年のセミナーに参加し，新たに日本人経済学者たちから聴き
取りを受けていたが，彼らは必ずしも10年前と同じことを発言した
わけではなかった。そして同書では，投機をしていた金融集団は
「電脳投資家」（Electronic Herd）と総称されて具体的な銀行名な
どは少ない。それでも，金融危機の処理は少数の人々によって検
討・交渉され遂行されていたことなどがわかる。「最高司令部」
（High Command）の表現は，IMF が軍隊組織に似ていることから
採用されており，当時の専務理事はフランス出身者であった。

IMF 本部はアメリカの首都ワシントン DC にあり，本書『IMF』ではアメリカ政府の関与・非関与が政策の機動力を分けたとする。アメリカは，1994年のメキシコ危機では迅速に IMF パッケージに資金協力したものの，1997年後半の東アジア危機では対照的に，通貨危機の感染が次第に広がり，ついに韓国にまで及んだ時に初めて迅速に IMF パッケージに資金協力した。タイやインドネシアへの緊急融資の条件とされた厳しい国内制度改革の様子をみると，同書でも歯切れが悪いほど，IMF ではこれらの国情についての事前知識が不足していたことが伝わってくる。IMF はなんと，東アジアの1998年の経済成長は，介入により危機を脱してプラスに転じると予想していた。結果は逆だっただけに，東アジアの経済学者たちから，「IMF の介入政策で危機を増幅させた」と言われても致し方ないであろう。

　『IMF』が活写する出来事がいくつかある。第1は，1997年に日本の「アジア通貨基金」構想を，公式テーブルに乗る前に潰した経緯である。IMF は，米ドル釘付け政策をとる東アジア諸国に事前に警告を発しており，また東アジアだけを見ていたのではなく，世界の金融危機の芽を早期に摘み取ろうとしていたとする。第2は，「IMF 介入が成功した」とされる韓国のケースである。韓国の金融制度事情が詳細に論じられ，外貨準備では公式のデータから読み取れる以上に大きな問題が潜んでいたことが指摘されている。第3は，1998年のロシアの金融危機の顛末である。IMF は社会主義・計画経済から民主主義・市場経済に移行しつつある国を忍耐強く見守っていたが，ロシア政府は大きな財政赤字を埋めるため発行していた「国家短期債務」（GKO）をじわりとデフォルトさせたのである。大量の GKO が外国人投資家に保有されており，アメリカでヘッジファンドのロングターム・キャピタルマネジメント（LTCM）の清算につながってゆく。市場経済では，政府が契約を履行させるため

の法的枠組みを提供するはずであった。「オリガルヒ」(新興財閥)の動向は，ロシアの行方を今考える際にもポイントとなるであろう。

　日本語での関連研究，2007-9年に公刊された既述の英語文献，少なくとも2013年からIMFウェブサイトに掲載されている「IMFの歴史」(IMF History) と併せて読みたい書物である。

第20章
自由貿易とルール

　貿易や貿易理論の捉え方が，海外と日本で異なるように感じられる。江戸時代の日本では，徳川幕府により鎖国政策がとられ，海外との貿易は原則禁じられ，藩と藩との交易も制限されていた。1850年代から開港・開国の過程をたどり始めた日本では，国際貿易のための制度を整え，貿易ができる人材を育てなくてはならなかった。貿易は物品だけではなく，人材，知識や情報，そして発明（技術や技術進歩）の魅力を日本にもたらしたのである。

　幕末・明治期に活躍した福澤諭吉は『実業論』（1893年）において「実業の原動力は外国貿易であり，貿易進歩の影響は全国至る所に及んでいる」と述べ，海外に輸出できるものを発明しようと呼びかけた。また，明治期の経済学者 天野為之は，編著『実業新読本』（全5巻，1911年，1913年改訂版）において，「発明が社会を物質的に進歩させ，貿易が世界を変える」と若者を励ました。ワットの蒸気機関の発明，スチブンソンの機関車・鉄道への応用は，日本だけではなく世界中での手本とされ，人間は素晴らしい発明力をもっているのであった。加えて，天野は父が漢方医であったため，漢方薬輸入による貿易利益，平賀源内による医薬品の開発（発明）がもたらす社会的利益を感じ取っていた。

1. 貿易理論

　日本が鎖国している間も，西洋人中心に貿易が活発に行われてい

た。そして経済学者たちの議論や理論的考察を丁寧に追っていくと，貿易品に対する関税の引下げによる輸入品の増加，あるいは海外輸出による国内産品の流出に対する懸念が常に付きまとっていたことがわかる。関税引下げは国庫収入の減少を意味したので，国内居住者や滞在者から徴収する租税収入を増加させる必要性が生じた。

● 貿易の勧め

イギリスのアダム・スミス（1723-90）は，労働の分業（division of labor）により生産性が飛躍的に上昇するようになり，国内交易と国際貿易による内外市場の拡大に応じて，生産量が決定されるようになったとした。スミスいわく，「外国貿易は，自国の余剰物資を輸出して他国の物資と交換し，それによって自国民の欲望の一部を満たし享楽を増大させるのであり，かくすることによって，自国の余剰物資に価値を与えるのである。外国貿易のおかげで，国内市場が狭隘であっても，技術や製造業の分業が最高度の域にまで成熟することが，どの部門においても妨げられないのである」（水田洋訳『国富論』河出書房，1965年，キャナン版 p.413）。そして，各国は自国が得意とする生産物を輸出し，得意ではない生産物を輸入すればよく，世界市場で（神の）「見えざる手」が作用して，利益率が平準化することを示唆した。スミスの貿易論は「余剰の捌け口論」と呼ばれる。

イギリスの D. リカード（1772-1823）は，絶対的に得意とする生産物をもたない国との貿易からでも利益を得られる可能性がある，つまり生産性を比較して相対的に優位（比較優位）にある生産物の生産を増やして輸出し，相対的に劣位（比較劣位）にある生産物の生産を減らして輸入すれば，世界全体の生産物の量は確実に増加するので，貿易による社会的な利益は得られると考えた。１つの国がある生産物の生産に特化するまで貿易が進めば，世界全体の生産物

は最大になる。もちろん，生産量だけを取り上げていて，当該生産物に対する需要の状況，2つの生産物の相対価格，為替レートは考えていない。

リカードの貿易理論は，現在でもしばしば参照基準に使われる。生産性格差つまり技術格差に注目する貿易理論として再解釈されて，技術格差は発明や技術進歩により変化し，技術の標準化や移転により貿易国同士で比較優位のポジションが逆転する可能性があることが関心の的となっていく。通時的なダイナミックな理論では，比較優位構造がシフトすることになる。

リカードの時代には（19世紀から第一次世界大戦前まで），労働者の国境をまたぐ移動は比較的自由であった。蒸気船による定期航路が充実し，鉄道路線が延長されて交通手段は便利になった。それにつれて，先進国では職を求めて移民が流入し，労働賃金に低下傾向があらわれる一方で，技能労働者の中には技能を生かすべく新天地を目指して移動する人たちが現れた。貿易が行われるときにも人々の移動が伴った。

スウェーデンのE.ヘクシャーとB.オリーンは，各国での自然の相違による天然資源の埋蔵量・生産量の相違に着目して，日本で人気をもつようになる理論を展開した。各国の間で，労働，土地，資本などの生産要素の賦存量に相違があれば，各国は相対的に豊かな生産要素あるいはそれを利用した生産物を輸出し，相対的に貧しい生産要素またはそれを利用した生産物を輸入するような形で，貿易パタンと生産パタンが決定される傾向があるとした。

エネルギー・原料資源を輸入して工業製品を輸出する，日本の加工貿易のパタンに理論的説明を与えてくれるように感じられるのである。日本では，エネルギーなど天然資源を輸入しなければならないので，資源国との間では貿易赤字が発生する傾向にあり，日本の工業製品を購入してくれる国との間では貿易黒字が生じる傾向にあ

第20章　自由貿易とルール── 229

る。少なくとも日本では，貿易は多くの国々と多角的に行われ，今や二国間の貿易収支はあまり気にせずともよいと考えられるようになった。しかし，貿易相手国の政治状況によって，二国間貿易が取りざたされることはある。

● 幼稚産業保護論（infant industry protection theory）

　自由貿易は望ましい。しかし，先進国と，後進国・発展途上国との間で，経済発展の段階が大きく異なるならば，途上国は農産物や一次産品を先進国に輸出できても，工業製品を生産して輸出することは困難である。新興工業は草創期には国際競争力をもたず，適当な保護政策を採らなければ先進国との競争に敗れて挫折してしまう。放置すれば，後進国の経済発展は極めて困難な状態が続き，工業部門を育てる機会を逸してしまう。となれば，途上国の幼稚な産業が成長するまでは，競合製品の輸入に関税等をかけて保護してもよいとの考え方である。

　19世紀以来，アメリカの A. ハミルトンやドイツの F. リストなどの論客が主張した。イギリスの自由貿易論者 J.S. ミル，C.F. バステーブルもその意義を容認していた。20世紀後半の固定相場制時代，根岸隆，薮下史郎もこのテーマで英文論文を発表したことがある。J. S. ミルは，国際分業の観点からみて，現在は比較劣位のポジションにあっても，保護期間中に発展し，比較優位のポジションに移行すると期待される産業については，保護が適当であると考えていたようである。さらに，バステーブルは，保護が正当化されるためには，（将来実現するであろう）最終的な社会的利益の現在割引価値が，保護期間中に発生する損失を上回るべきであることを指摘した。両条件は合わせて，ミル−バステーブル・テストとして形式的妥当性をもつとされるが，実際の適用条件となると，その産業の将来性や保護期間の妥当性などについて恣意的な判断が紛れ込む可能性が

高いこともすでによく知られている（伊藤元重・大山道広『国際貿易』岩波書店，1985年）。幼稚産業保護論を基礎にした貿易制限については，1960年代後半にオーストラリアの M. ケンプによって厳しく批判された。

　第14章で述べたように，1970年代末から，日本と諸外国との間でいちだんと貿易摩擦が激しくなった。1982年にはフランスが，日本製 VTR（ビデオ・カセット・レコーダー）の輸入通関手続きをポアチエ税関事務所に限定した。当時，VTR は最新製品であり，フランスでは VTR 製造はまだ産業として育っていない，という理由であった。幼稚産業保護論に基づいた保護政策をとったのであるが，日本側に後味の悪さを残したのであった。

●貿易による利益と損失

　国際貿易が行われると，利益を得る人々がいる一方で，損失を被る人々がいる。貿易財と競合する財を生産する人々は直接的な損失を被ることになる。多くの国々で工業化が進むと，最終財の貿易だけではなく，生産財（機械設備など）や中間財（部品・仕掛品など），原材料の貿易も活発になる。さらに，国境を越えて移動しにくい生産要素の価格にまで影響が及ぶ。19世紀末から20世紀初めにかけて，国際貿易の経済厚生（welfare）に及ぼす効果についての考察が始まった。

　国際貿易が自由に行われると，貿易財の価格には均等化する傾向がみられ，国際価格が成立する。では，貿易財の生産に使用された生産要素（労働，土地・原材料，中間財）の価格はどうか。スウェーデンの B. オリーンが大作『貿易理論：域際及び国際貿易』（1933）で要素価格の動向を，数式を使いながらも散文的に論じたとき，各国で原材料などの生産要素の賦存量に差異があるので，たとえ貿易が自由に行われても，生産要素の価格は均等化しない，あ

るいは部分的にしか均等化しない，という主張を含めていた。これは，要素価格部分均等化定理と呼ばれるようになる。各国の間で，労働，土地，資本などの生産要素賦存量に相違があれば，各国は相対的に豊かな生産要素あるいはそれを利用した生産物を輸出し，相対的に貧しい生産要素またはそれを利用した生産物を輸入するような形で，貿易パタンと生産パタンが決定される。

アメリカの P. サミュエルソン（1915－2009）は，（貿易対象ではない）生産要素の価格の動向に興味を覚え，1938年から経済専門誌に論文を投稿して数学モデルの構築に挑み始めた。そして制限的な諸仮定が必要であったが，生産要素の国際移動がなくても，最終財の自由貿易は，貿易パートナー国間の同質的生産要素の絶対的・相対的所得の均等化をもたらすモデルを構築することができた。これは，サミュエルソンの要素価格均等化定理（factor price equalization theorem）と呼ばれる。関連する W.F. ストルパーとの共同論文は英米の国際専門誌『経済研究雑誌』，彼の単独論文はイギリスの『経済雑誌』に掲載された。

単純化のための諸仮定がおかれた経済モデルは次のようになる。多くの場合，2つの小国の間の貿易が前提にされ，2種の生産要素（労働と土地）を用い，2種の生産物（食料と衣服）が生産されると想定される。特定の条件の下では，自由貿易が進めば，生産要素価格は均等化する。では，最終財の自由貿易が行われても，最終財価格と要素価格が均等化しない場合，その原因は何か。それらは，輸送費用の存在，天然資源賦存量の格差，労働賃金に対する規制の相違，資本費用の差，技術格差等である。

サミュエルソンの要素価格均等化定理は，アメリカ経済学会ですぐに重く受け止められた。彼は同時に，貿易による利益（gains）と損失（losses）を明示的に論じ，貿易利益の敗者への移転を理論的に論じた。彼の場合，利益が損失を上回る貿易が，考察する際の

前提になっているようにみえる。敗者に「賄賂」を提供して経済厚生を改善する例まで登場するくらいであり、貿易をめぐる摩擦がアメリカ国内で激しい様相が行間から伝わってくる。彼は常に貿易の利益と損失に注目する議論を提示して、少なくともアメリカでの貿易理論と貿易問題の論じ方に大きな影響を及ぼした。

　貿易問題が注目されるたびに、サミュエルソンは国際収支データを参照する講演を行ってきたようだ。固定相場制の時代、彼の1964年論文が、イギリスの『経済学・統計学雑誌』に発表された。彼は「米ドルが高すぎることが、アメリカの貿易赤字を生み出している」と論じた。そして、「米ドルが高すぎるので、アメリカ企業が他の先進国に海外直接投資（FDI）を行なっている、しかも、最新鋭の生産技術と経営管理方法が投入されている」と指摘した。「他の先進国」とはヨーロッパ諸国を指す。そして、「文字通り、私たちは雇用（job）を輸出してきたのである」（p.63）とした。日本では後に「産業の空洞化」（直訳 the hollowing out of an industry）とみなされる現象である。英語圏では、「雇用の輸出」（job exportation）、「産業逃避」（industrial flight）と呼ばれる。経済が成長し、市場が拡大してゆけば、こうした主張は後退する。

　サミュエルソンはアメリカの『経済文献雑誌』に掲載された2001年論文では、日本、韓国、香港、シンガポール、台湾の経済発展にまとめて注目した。そして「東アジアの奇跡」について、世界銀行の1993年レポートとは異なる角度から議論し、欧米の技術やノウハウが重要であったのではないかとした。『経済展望雑誌』の2004年論文では、新興大国の中国とインドに注目した。2つの論文では表記の国々に対して厳しいコメントが寄せられている。というのも、情報技術の進歩と、各国間での生産技術の格差縮小により、要素価格均等化定理が現実に当てはまりそうな気配が感じられたからである。

第20章　自由貿易とルール── 233

　要素価格均等化定理は実際，国際経済問題に関心をもつ経済学者にはずしりと重く響く定理である。サミュエルソンの貿易理論論文を読むだけでも，アメリカ国内の摩擦の激しさを感じとることができるであろう。しかし，技術は停滞しない。技術進歩と技術革新は，研究開発マインドをもった人々（国籍は問わない）によって常に進められていることは忘れてはならない。

2．対外経済戦略のツール

　貿易の支払・決済以外の資金の流れを見ておこう。

●経済協力（Official Development Assistance，ODA）

　現在では，財務省所管一般会計（項）経済協力費（全額 ODA カウント）は，①円借款事業等を行う独立行政法人国際協力機構（JICA）有償資金協力部門に対する出資金，②国際復興開発銀行（世界銀行）やアジア開発銀行といった国際開発金融機関（MDBs）等に対する出資金及び拠出金，③専門家派遣やセミナー・受入研修実施のための二国間技術援助等経費から構成されている。『ODA 白書』『開発協力白書』が発行されてきている。

　現在実施されている技術援助の例に，日本政策金融公庫によるラオス開発銀行（LDB）の中小企業金融への技術協力がある（財務省財務総合政策研究所のプロジェクト）。ラオスの金融事情を踏まえながら，LDB 職員の中小企業向け融資審査能力の普及と定着を図る取り組みである。さらに，LDB 内でのトレーナーの育成が予定されている（恒川孝司「ラオスの中小企業金融：ラオス開発銀行に対する技術協力を通じて」ラオス文化研究会，2017年2月8日，JICA 地球ひろば，参照）。

●海外直接投資（Foreign Direct Investment, FDI）

FDI とは，1国の投資者が資本を他国の生産あるいは経営に用い，一定の経営コントロール権を掌握する投資行為を指す。2つの方法がある。1つはホスト国に新しい企業を設立するもので，それは「グリーンフィールド・インベストメント」と呼ばれる。もう1つは，ホスト国の業界にすでに存在する企業を買収するもので，これは国境を越える合併・買収（Cross-border mergers and acquisition, M&A）と呼ばれる。

間接投資には，国際信用貸付投資と証券（株式と債券）投資が含まれる。

3. 自由貿易の世界を構築するツール

第9章で，関税と貿易に関する一般協定（GATT）と世界貿易機構（WTO）をみた。

●自由貿易協定（Free Trade Agreement, FTA）

FTA とは，特定の国や地域との間で，物品の輸出人にかかる関税や数量規制，サービス貿易に対する規制などを取り払うことにより，物品やサービスの貿易を自由にすることを目的とする協定のことである。物品貿易にかかる関税を撤廃または引き下げることにより，両国間の貿易が活発になり，経済が刺激される。サービス貿易の自由化についても同様の効果が期待される。

●経済連携協定（Economic Partnership Agreement, EPA）

EPA とは，特定の二国間または複数国間で，域内の貿易・投資の自由化・円滑化を促進し，国境および国内の規制の撤廃・各種経済制度の調和や協力等，幅広い経済関係の強化を目的とする協定で

ある。

　日本がこれまで協定交渉を進めてきた国々には多数の日本企業が進出し，現地生産を行っている。日本から鉄鋼や自動車部品といった素材や部品が輸出され，それらが ASEAN 諸国において日系企業により加工されて日本に再度輸出されたり，第三国の市場に輸出されたりしている。

　日本にとっての最初の EPA（FTA）は，日本・シンガポールEPA で，1999～2000年に交渉が行われ，2001年に大筋合意，2002年に署名されて同年に発効した。外務省ウェブサイトに「日本のEPA・FTA の現状」があり，渡辺頼純監修，外務省経済局 EPAチーム『解説 FTA・EPA 交渉』（日本経済評論社，2007年）も興味深い。

● 環太平洋パートナーシップ協定（Trans-Pacific Partnership Agreement，TPP 協定）

　2015年10月，TPP 協定は関係国の間で大筋合意に達した。2017年１月に就任したアメリカ新大統領は TPP 反対を表明している。しかし，今後の貿易交渉の行方を見通すために，これまでの到達点を振り返って見ておこう。日本は，内閣官房 TPP 政府対策本部を置いて対応し，適宜説明会を開催するほか，ウェブサイトを構築して情報を提供してきた（http://www.cas.go.jp/tpp/）。

　TPP の元になる交渉は，太平洋に接する比較的経済規模の小さい国々から始まった。シンガポール，チリ，ニュージーランドの３ヶ国の環太平洋戦略的経済連携協定（TPSEP：Trans-Pacific Strategic Economic Partnership Agreement，2000年～）を基礎に，2005年４月にブルネイが加わり，2006年５月に包括的多国間経済連携協定として発効した。2010年３月よりオーストラリア，ペルー，アメリカ，ベトナムが拡大加盟交渉を開始し，10月には，マレーシ

アも協議に参加した。2012年10月，カナダ，メキシコが交渉に参加した。日本は2013年7月23日午後より交渉に参加した。そして2015年10月，アトランタのTPP閣僚会合において，大筋合意にたどりついた。

　新しいTPP協定はすでに作成され，英語版がニュージーランド政府のウェブサイトに，和訳が日本のTPP政府対策本部のウェブサイトに掲載されている。

　TPPについて，日本政府による簡単な説明は次のとおりである（2017年2月）。

・21世紀型の新たなルールの構築
―TPPは，物品の関税だけでなく，サービス，投資の自由化を進め，さらには知的財産，電子商取引，国有企業の規律，環境など，幅広い分野で21世紀型のルールを構築するもの。
―成長著しいアジア太平洋地域に大きなバリュー・チェーンを作り出すことにより，域内の人・物品・資本・情報の往来が活発化し，この地域を世界で最も豊かな地域にすることに資する。
・中小・中堅企業，地域の発展への寄与
―TPP協定により，大企業だけでなく中小企業や地域の産業が，世界の成長センターであるアジア太平洋地域の市場につながり，活躍の場を広げていくことが可能になり，日本の経済成長が促される。
―人，物品，資本，情報が自由に行き来するようになることで，国内に新たな投資を呼び込むことも見込め，都市だけではなく地域も世界の活力を取り込んでいくことが可能となる。
・長期的な，戦略的意義
―自由，民主主義，基本的人権，法の支配といった普遍的価値を共有する国々とともに貿易・投資の新たな基軸を打ち立てることに

より，今後の世界の貿易・投資ルールの新たなスタンダードを提供。

—アジア太平洋地域において，普遍的価値を共有する国々との間で経済的な相互依存関係を深めていくことは，地域の成長・繁栄・安定にも資する。

今回の TPP 協定は，例外品目を認めず，完全な関税撤廃を目指すとともに，人の自由移動を求めている。従来の 2 国間の FTA や EPA のように，例外品目や金融や情報通信，行政サービス等への参入障壁を設けることができない自由化度の高い協定であるとされる。同時に，第19章「労働」では，国際労働機関（ILO）の1998年宣言が参照され，国際的に認められた労働者の権利を保護するとの意思が，第20章「環境」では，環境基準は悪化させず，生物多様性は保護するとの意思が，それぞれ伝わってくる（ILO については，第 5 章を参照のこと）。

RCEP（ASEAN＋6）は第17章を，FTAAP（APEC）は第18章を参照してほしい。

貿易にはルールが必要であり，障害なく自由に貿易を進めるためには，各国内の制度や規制を調整する必要がある。貿易協議により，関係国の政策や法制度が透明化されることであろう。労働条件や環境を悪化させないために，相互監視などの努力が必要とされるはずである。

省略表現一覧

ADB Asian Development Bank: アジア開発銀行

AEC ASEAN Economic Community: アセアン経済共同体

AFTA ASEAN Free Trade Area: アセアン自由貿易地域

AI Artificial Intelligence: 人工知能

AIIB Asia Infrastructure Investment Bank: アジア・インフラ投資銀行

AMF Asian Monetary Fund: アジア通貨基金（構想のみ）

AMRO（アムロ） ASEAN+3 Macroeconomic Research Office: ASEAN ＋3 マクロ経済研究所

APEC（エイペック） Asia-Pacific Economic Cooperation: アジア太平洋経済協力

ARF ASEAN Regional Forum: ASEAN 地域フォーラム

ASEAN（アセアン） Association of Southeast Asian Nations: 東南アジア諸国連合

ASEM Asia Europe Meeting: アジア欧州会合

BIS Bank for International Settlement: 国際決済銀行

CMI Chiang Mai Initiative: チェンマイ・イニシアティブ

EAS East Asia Summit: 東アジア首脳会議

EC European Commission: 欧州委員会

EC European Community: 欧州共同体

EC 委員会 The Commission of the European Communities: 欧州共同体委員会

EMU Economic and Monetary Union: 経済通貨同盟

EPA Economic Partnership Agreement: 経済連携協定

EU European Union: 欧州連合

FTA Free Trade Agreement: 自由貿易協定

FTAAP Free Trade Area of the Asia-Pacific: アジア太平洋自由貿易圏

GATT General Agreements on Tariffs and Trade: 貿易と関税に関する一般協定

IBRD International Bank for Reconstruction and Development: 国際復興開発銀行

IDA（アイダ） International Development Association: 国際開発協会

IEA International Economic Association: 国際経済協会または国際経済学会

ILO International Labor Organization: 国際労働機関

IMF International Monetary Fund: 国際通貨基金

IoT Internet of Things: アイ・オウ・ティー

IPCC Intergovernmental Panel on Climate Change: 気候変動に関する政府間パネル

ITO International Trade Organization: 国際貿易機関（構想のみ）

JETRO（ジェトロ） Japan External Trade Organization: 日本貿易振興機構

JICA（ジャイカ） Japan International Cooperation Agency: 国際協力機構

LAN Local Area Network

LDB Lao Development Bank: ラオス開発銀行

MIT Massachusetts Institute of Technology: 米マサチューセッツ工科大学

NAFTA North American Free Trade Agreement: 北米自由貿易協定

NPT Treaty on the Non-Proliferation of Nuclear Weapons: 核兵器の不拡散に関する条約

OAPEC Organization of Arab Petroleum Exporting Countries: アラブ石油輸出国機構

ODA Official Development Assistance: 経済協力

OECD Organization for Economic Cooperation and Development: 経済協力開発機構

省略表現一覧── 241

OEEC Organization for European Economic Cooperation: 欧州経済協力機構

OPEC Organization of the Petroleum Exporting Countries: 石油輸出国機構

RCEP（アールセップ） Regional Comprehensive Economic Partnership: 東アジア地域の包括的経済連携

TPP 協定 Trans-Pacific Partnership Agreement: 環太平洋パートナーシップ協定

TRON The Real-time Operating system Nucleus: トロン

UN The United Nations: 国際連合

UNCTAD UN Conference on Trade and Development: 国連貿易開発会議

UNCTC UN Centre on Transnational Corporations: 国連越境企業センター

UNDP UN Development Programme: 国連開発計画

UNEP UN Environment Program: 国連環境計画

UNESCAP UN Economic and Social Commission for Asia and the Pacific: 国連アジア太平洋経済社会委員会

UNFCCC UN Framework Convention on Climate Change: 国連気候変動枠組み条約

WIPO World Intellectual Property Organization: 世界知的所有権機関

WTO World Trade Organization: 世界貿易機関

WWW World Wide Web

索　引

A—Z

harmonization …………………… 111
IoT ………………………………… 22
TPP 協定 ………………………… 235

ア

赤松要 …………………………… 140
朝河貫一 …………………………… 53
天野為之 ………… 4, 9, 35, 50, 54, 74,
　　　　　　　　　　　　　 108, 226
荒憲治郎 ………………………… 213
有沢広巳 ………………………… 143
石橋湛山 …………………… 67, 71
インターネットヒストリー ……… 27
インターネット連結性 ……… 23, 208
ウ・タント ……………………… 193
英語での授業 …………………… 134
欧州経済協力機構（OEEC）…… 117
欧州政策研究センター ………… 172
大来佐武郎 …………… 149, 166, 213

カ

海外直接投資（FDI）……… 1, 80, 83,
　　　　　　　　　 106, 202, 232, 234
海外貯蓄過剰論 ………………… 173
核兵器・核軍縮の歩み ………… 25
嘉治元郎 ………………………… 166
企業の社会的責任 ……………… 82
技術移転 ……… 58, 140, 197, 205, 228

技術者 ………………………… 59, 213
技術進歩 ………… 4, 96, 137, 140, 151
技術選択 ………………………… 213
技術標準 ………………………… 211
競争力 …………… 130, 186, 187, 196
京都議定書 ……………………… 156
協力の伝統 ……………………… 117
キーリング曲線 ………………… 154
勤勉革命 …………………………… 60
クルーグマン，P. ……………… 161
経済連携協定（EPA）………… 234
経済を破綻させた４人の中央銀行
　総裁 …………………………… 71
ケインズ，J.M. ………………… 68, 88
賢人グループ（GEP）………… 84
現地生産 ………………………… 202
「こうしよう」と言える日本 …… 86
国際価値連鎖 …………………… 198
国際経済協会(IEA)蒲郡円卓会議
　…………………………………… 212
国際決済銀行 …………………… 69
国際労働機関 …………… 67, 73, 237
国連越境企業センター（UNCTC）
　…………………………………… 84
国連貿易開発会議（UNCTAD）
　…………………………… 99, 104
小島清 …………………… 141, 207
国家の経済的権利と義務の憲章 … 105
小宮隆太郎 ……………………… 84

サ

シェール革命	148
持続可能な開発目標	74
社会正義	73
自由貿易協定（EPA）	234
消費者主権	34, 167
新国際経済秩序	105
新自由主義に対抗する因子	179
政策・制度の共通化に向けての調整	110
生産性のパラドックス	20
政府調達	111, 160, 164
セーフガード	108, 111
戦略的通商政策	161

タ

大転換	60
多国間繊維協定	111
徴税能力	122
ディーセント・ワーク	73
デジタル・ディバイド	24
ドーア，R.	86, 167
特許	58
トリフィンのジレンマ	92

ナ

南南協力	106
南北対立	203
南北問題	104
似たような考えを持つ国々（like-minded countries）	123
日中省エネルギー・環境総合フォーラム	146
日本国憲法の誕生	85
日本国有鉄道の分割民営化	47
ノイマン，J. v.	27, 28, 154

「ノー」と言える日本 ……………… 86

ハ

バスケット通貨	92
畠中道雄	28
発明	4
パリ協定	157
パリ条約（1883年）	8, 64, 114
東アジアの奇跡	2, 215, 232
東インド会社	52, 83
不完全な技術市場	83
福澤諭吉	4, 53, 226
福田ドクトリン	204
ブラック，F.	32
フレクシ－キュリティ	74
ベルヌ条約（1886年）	8, 64, 114
貿易が作り変えたこの世界	49
貿易戦争	71

マ

前川レポート	165
真鍋叔郎	154
村上泰亮	166
モラル・ハザード	171, 177

ヤ

輸入代替政策	202
ユビキタス・コンピューティング	21
要素価格均等化定理	231
幼稚産業保護論	162, 229

ラ

ルールに基づく機関	114
連邦準備制度	66
ロスチャイルド家	60

《著者紹介》

池尾愛子（いけお・あいこ）

1956年生まれ。
一橋大学大学院経済学研究科博士課程単位取得。早稲田大学博士。国学院大学経済学部教授，日本文化研究所兼担教授を経て，2000年4月から早稲田大学商学部教授，2004年9月から商学学術院教授。

本書に関連する研究

『日本の経済学』（名古屋大学出版会，2006年），『20世紀の経済学者ネットワーク』（有斐閣，1994年），*A History of Economic Science in Japan*（Routledge，2014年），共著『経済学の世界へ』（有斐閣，1998年）。「社会科学とコンピューター・ネットワーク利用」（2001年12月），「世界金融危機の進行，2007-2010年」（2010年3月），「日本のエネルギー政策思想：技術進歩，化石燃料，および電力供給」（2013年12月），「1997年東アジア通貨危機と2008年アメリカ金融危機の再考」（2011年9月），「天野為之と日本の近代化：明治期の経済学者，ジャーナリスト，教育者」（2015年3月），「天野為之編『実業新読本』を読む：発明，国際貿易，福澤諭吉」（2016年3月），いずれも『早稲田商学』掲載。「国際経済摩擦と日本の経済学者たち：1985年の転換点」（『産業経営』35号，2004年）。「エネルギー問題の経済学説史」（『経済セミナー』669号，2012年12月-2013年01月）。

2017年5月20日　初版発行　　　　　　　略称－グローバリゼーション

グローバリゼーションがわかる

著　者	池尾愛子
発行者	塚田尚寛

発行所　東京都文京区　**株式会社　創成社**
　　　　春日2-13-1

電　話 03（3868）3867　　F A X 03（5802）6802
出版部 03（3868）3857　　F A X 03（5802）6801
http://www.books-sosei.com　振　替 00150-9-191261

定価はカバーに表示してあります。

©2017 Aiko Ikeo　　　　　　　　組版：亜細亜印刷　印刷：亜細亜印刷
ISBN978-4-7944-3179-0 C3033　　製本：宮製本所
Printed in Japan　　　　　　　　落丁・乱丁本はお取り替えいたします。

————————— 経 済 学 選 書 —————————

グローバリゼーションがわかる	池 尾 愛 子	著	1,600 円
日本経済の再生と国家戦略特区	安 田 信之助	編著	2,000 円
地 域 発 展 の 経 済 政 策 ― 日 本 経 済 再 生 へ む け て ―	安 田 信之助	編著	3,200 円
地 方 創 生 の 理 論 と 実 践 ― 地 域 活 性 化 シ ス テ ム 論 ―	橋 本 行 史	編著	2,300 円
福 祉 の 総 合 政 策	駒 村 康 平	著	3,000 円
環 境 経 済 学 入 門 講 義	浜 本 光 紹	著	1,900 円
マ ク ロ 経 済 分 析 ― ケ イ ン ズ の 経 済 学 ―	佐々木 浩 二	著	1,900 円
フ ァ イ ナ ン ス ―資金の流れから経済を読み解く―	佐々木 浩 二	著	2,000 円
マ ク ロ 経 済 学	石 橋 春 男 関 谷 喜三郎	著	2,200 円
ミ ク ロ 経 済 学	関 谷 喜三郎	著	2,500 円
入 門 経 済 学	飯 田 幸 裕 岩 田 幸 訓	著	1,700 円
マクロ経済学のエッセンス	大 野 裕 之	著	2,000 円
国 際 公 共 経 済 学 ― 国 際 公 共 財 の 理 論 と 実 際 ―	飯 田 幸 裕 大 野 裕 之 寺 崎 克 志	著	2,000 円
国際経済学の基礎「100項目」	多和田 眞 近 藤 健 児	編著	2,500 円
ファーストステップ経済数学	近 藤 健 児	著	1,600 円
財 政 学	望 月 正 光 篠 原 正 博 栗 林 隆 半 谷 俊 彦	編著	3,200 円

(本体価格)

————————— 創 成 社 —————————